MW01634577

美肌塾

美容アドバイザー
佐伯チズ

講談社

はじめに

先日、私の本を読んでくださった方から、こんなお手紙をいただきました。要約すると、内容はこのようなものです。

『アイラインがうまく引けない』と少し前から悩んでいました。テニスをしていることもあり、私の肌はいつしかボロボロに。そこで佐伯先生の本を購入し、ローションパックやハンドマッサージなどを、ひとつずつトライしてみました。すると肌はみるみる甦り、姉からも『肌がとってもきれいになったね』といわれるまでに。まさに、私はこの本から『心の美容液』をもらいました」と。

「化粧品は何を使うかではなく、どう使うか」『きれいになって』と唱えなさい」など、私がこれまでにお伝えしてきた、「意識をもつ」ということを、こうして一人でも多くの方が理解してくださったことが、私はうれしくてしかたがないのです。

こうして肌の声に耳を傾け、肌は生きているということに改めて驚き、そして肌を育てようという気持ちになれた人というのは、それこそ嘘みたいに肌がきれいになっていきます。そして彼女たちに共通しているのは、「素直である」ということ。

化粧品の情報だけには精通していて、「どこそこの化粧品は、こんな成分が入っている」とか、「あそこのクリームはダメね」なんて、使ってもいないのに蘊蓄だけを並べるような、いわゆる「化粧品オタク」と呼ばれるような人は、得てして肌が汚いものです。

なぜならば、「きれいになって！」と唱えるどころか、「この化粧品、本当に効くのかしら？」という気持ちでお手入れをしているから。どんなに高価な美容液を手にしたところで、やはり「心の美容液」にはかなわないのです。

さて、素直な心で肌と向き合うことを覚えた方には、もっときれいになっていただきたいと思っています。だからこそ、私は40年にわたる美容業界での経験から得た「知識」や「アイデア」というものを、惜しみなくお伝えしていきたいのです。それは一方的に私の知識を提供するというのではなく、何よりも日本中の女性がそれをご自身のケアに取り入れてくださり、さらにきれいになっていかれるのを見ることが、私自身の喜びでもあるからです。

そこで、今回は『美肌塾』というタイトルで本を書かせていただきました。

これまでに紹介してきた「佐伯式」ケアをしっかりと理解し、実践してこられたみなさんの、「ここが詳しく知りたい」「もっときれいになりたい」といった意見や感想を取り入れながら、今回はさらに進化したお手入れ法を、私が塾長としてお教えしたいと思っています。

オイルクレンジングやあぶらとり紙、ダブル洗顔、ティッシュオフなどは、すべて私から見れば「美肌づくりには不要」なもの。「コスメカウンターですすめられたり、テレビコマーシャルや雑誌の記事などで取り上げられている美容法は、必ずしもあなたの肌に合っているとは限りません。そうした「誰も教えてくれなかったこと」も、わかりやすいイラストとともに、ダメな理由まで含めて、一歩踏み込んで解説させていただきました。

化粧品を買いに行って余計なものまで買わされてしまったり、友達にいいといわれて使い始めた化粧品で肌をボロボロにしてしまうのは、正直いって、あなた自身にも責任があります。

「なぜ肌にいいのか」「なぜしてはいけないのか」「きれいな肌とは、どんな肌なのか」

そういうことをきちんと理解すると、自分にとって必要なものとそうでないものが、自ずと判別できるようになります。そう、これを読むと、あなた自身が「あなたにとって最高の美容アドバイザー」になれるというわけです。

そのためにも、この『美肌塾』を読みながら、再度ご自身の肌をよく鏡で見て（視診）、手のひらで触れて（触診）、生き方・暮らし方そのものを見つめ直して（問診）ください。

なお、今回は「もっときれいになりたい」という女性のために、究極の特別付録を2点、おつけしています。

ひとつは、「入浴中にお手入れがしたい」とおっしゃる読者の方がとても多かったので、水に濡れても安心な『お風呂でお手入れ』シート』に佐伯式ケアの基本をのせました。

もうひとつは、40年にわたる私の美容経験から編み出したマル秘テクニックを初公開する『袋とじページ』です。これは、私がこれまでにお伝えしてきた佐伯式ケアをきちんと続けてこられたみなさんに、さらにきれいになっていただくために、本書の出版まで公表を控えていたお手入れ法です。ぜひ、ご自分のケアに取り入れてみてください。

美肌塾 目次

はじめに 1

第1章 メイク以前の美肌の常識

顔剃りはシミ・くすみを招く！ 12

私がオイルクレンジングに反対するわけ 14

肌には「やさしく、やさしく」が基本 16

ダブル洗顔をやめると肌は甦る 17

「つけるのに30分、取るのに5分」はおやめなさい 18

「ドクターズコスメ信仰」にひとこと 21

塩害を防ぐとトラブルは消える 22

自分の脂で最適な化粧直しを 24

肌老化の原因の7割が紫外線！ 26

トータルで自分を好きになる 27

ビューティ・コラム① 顔がどんどん上がる「幸せのV字塗り」 28

第2章

「佐伯肌」の条件――「う・な・は・た・け」進化版

美肌の条件「う・な・は・た・け」 30

「うるおい肌」

「うるおい肌」 うるおいのある肌って、どんな肌？ 32

「うるおい肌」セルフチェック 33

「うるおい肌への道」 34

「なめらか肌」

なめらかな肌って、どんな肌？ 36

「なめらかさ」セルフチェック 37

「なめらか肌への道」 38

「ハリ肌」

ハリのある肌って、どんな肌？ 40

「ハリ」セルフチェック 41

「ハリ肌への道」 42

「だんりょく肌」

弾力のある肌って、どんな肌？ 44

「だんりょく」セルフチェック 45

「だんりょく肌への道」 46

「けっしょく肌」

血色のいい肌って、どんな肌？ 48

「けっしょく」セルフチェック 49

「けっしょく肌への道」 50

ビューティ・コラム② 化粧品にも使用期限はあるの？ 52

第3章

肌トラブル――「なぜ」出る?・「どう」ケアする?

【シミ・くすみ・クマ】はなぜできる?　54
　原因別シミに効く食材　56
　シミのお手入れ法　58
　シミ・くすみ肌チェック　59

【ニキビ・吹き出物】はなぜできる?　60
　原因別ニキビ・吹き出物に効く食材　62
　ニキビ・吹き出物のお手入れ法　64
　ニキビ・吹き出物肌チェック　65

【シワ・たるみ】はなぜできる?　66
　シワ・たるみのお手入れ法　68
　シワ・たるみの予防方法　70
　シワ・たるみ肌チェック　71

ビューティ・コラム③　「アンチエイジング」という言葉が嫌い　72

第4章

「佐伯式」極上のスキンケア

もっとプルプルに！「ローションパック進化版」 74

被るだけで顔がホカホカ！「お手軽スチームパック」 76

「ウォーターマッサージ」で即効・肌体力アップ！ 78

混ぜのテクニック スキンケア編 「スクラブ剤＋洗顔料」 80

混ぜのテクニック メイク編 「SPF＋下地クリーム＋リキッド・ファンデーション」 82

正しい「肌断食」でメリハリケア 84

からだのリズムとお手入れのルール 86

ビューティ・コラム④ 流行遅れの色は混ぜて甦らせる 88

[袋とじ企画]

初公開！佐伯式「超」スペシャル裏ワザ

裏ワザその❶ 「かたゆで卵」の肌を○○○でつくる！ 90

裏ワザその❷ ○○○○○で光を放つ肌に！ 92

裏ワザその❸ 下腹も脚も引き締まる○○○ 94

第5章

「佐伯式」きれいの総仕上げ

ボディを磨いてこそ、パーフェクト美人　98

美肌によく効く佐伯式「温冷入浴」　100

「自分の香り」をもちましょう　102

季節ごとのお手入れを！「春・夏」編　104

季節ごとのお手入れを！「秋・冬」編　106

ビューティ・コラム⑤　マイ・ポケットフード　108

おわりに　109

［巻末付録］

佐伯チズ オリジナル「お風呂でお手入れ」シート

毎日のケア
● ローションパック＆ラップパック
● リンパマッサージ

週1回のケア
● ボディスクラブ
● ウォーターマッサージ

美肌塾

第1章　メイク以前の美肌の常識

「すべてはきれいになるために！」と、
みなさんが思い込んでいる
不要なこと、ムダなこと、
間違っていること、お教えします。

顔剃（そ）りはシミ・くすみを招く！

女性の肌はとても薄くてデリケート。それなのに、太陽が照りつける夏も、木枯らしの吹く冬も、常にむき出しになっています。そんな無防備な肌をホコリや汗、涙など、さまざまな敵から保護してくれているもののひとつが、「産毛（うぶげ）」というベールなのです。

最近はそれこそ、お小遣い程度の料金で簡単に全身の脱毛ができてしまいますが、肌が炎症を起こすなどのトラブルも多いと聞きます。身だしなみの一環として、自宅でときどき除毛をする程度なら結構ですが、それが度を超すと肌が悲鳴をあげてしまうということなのです。

たとえば顔に触れたときに、ちょうど「エラ」の部分がザラッとしている方がいます。話を聞くと、その部分の産毛を頻繁（ひんぱん）に剃っているということが多い。

少し専門的な話をしますと、耳の付け根の部分には「耳下腺（じかせん）」といって、肌の状態にも影響を及ぼす大事なリンパ節がたくさん集まっています。産毛はそれを刺激から守るために生えているのです。

ですから、そこに頻繁にカミソリをあてるなど過度に刺激すると、神経やリンパの働きが鈍（にぶ）くなりますし、肌表面は自己防衛本能を働かせて硬くなり、ざらつきやかさつき、皮膚の変色などにつながります。それがひどくなると、シミやくすみになってしまうのです。

だから顔剃りは、目元、口元は数ヵ月に一度、頬の広い部分は4〜5ヵ月に一度にとどめて！と、私はいつも警鐘（けいしょう）を鳴らしているのです。

美容に関係する大切なリンパ節

頭や首、耳のまわりには大切なリンパ節がたくさんあります。リンパ液の流れが滞る(とどこお)とリンパ節が腫(は)れたり、病気の原因にもなります。耳のあたりが産毛で覆われているのはそこを守るため。ですから、むやみにカミソリをあてないでほしいのです。

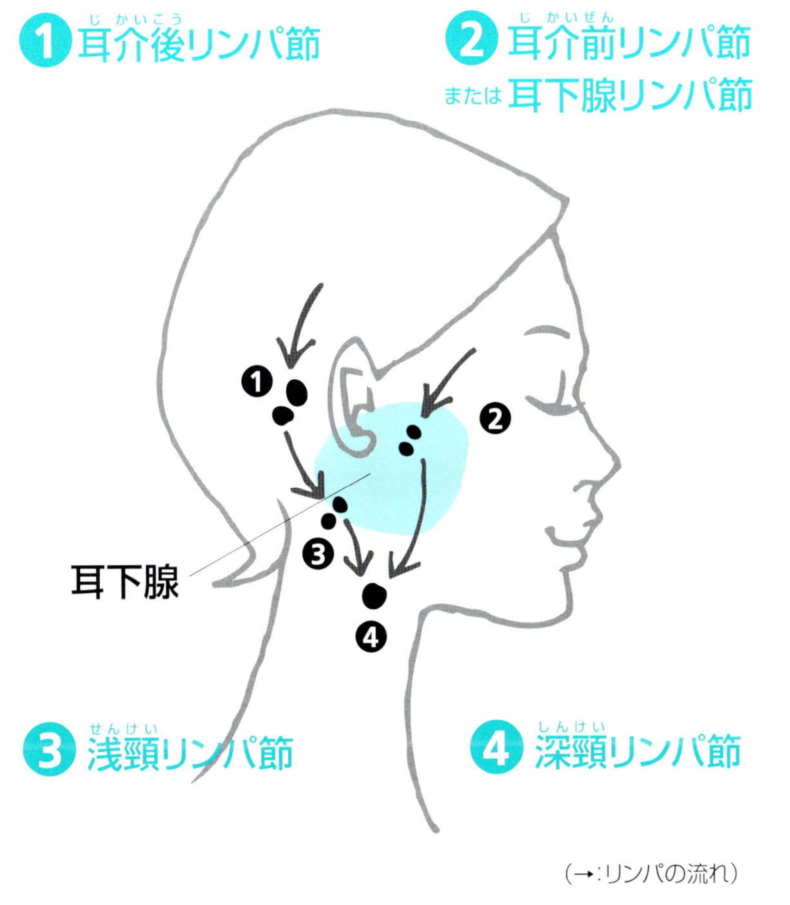

私がオイルクレンジングに反対するわけ

「落ちにくいメイク」がもてはやされる今、「よく落ちるクレンジング」が人気を博すのは当然かもしれません。ただし、流行と手軽さで多くの女性が使っているオイルクレンジングだけは、どうしてもおすすめできないのです。

まず、あのギトギト感。これがあるから、クレンジングのあとにもう一度、石鹸で洗顔したくなる。つまり「ダブル洗顔」「トリプル洗顔」をするから、肌に必要なものまで奪ってしまい、肌トラブルの起きやすい環境をつくってしまうのです。

さらに踏み込んでお話しすると、化粧品という「油汚れ」をすばやく落とすために、オイルクレンジングには通常より多い「界面活性剤」が使われています。界面活性剤とは、水と油を混ぜ合わせるための製剤。その使用量は、台所用の合成洗剤とほぼ同じだという方もいます。

そう、台所用洗剤で手を荒らす主婦が跡を絶たないことでもわかるように、界面活性剤は、たんぱく質を破壊して皮膚をボロボロにする性質を備えているのです。しかも数百円で売られているオイルクレンジング剤は、肌への刺激も強い安価な製剤を使っている可能性も高い。

これほどまでに「オイルクレンジング反対」を唱え続けているのは、数年前に使用をやめたといわれる人でも、額のブツブツや熱を帯びた赤い頬、開いた毛穴など、その名残に悩んでおられる人を、実際にたくさん見ているからなのです。

「それでもオイルクレンジングがいい」という方は、少量の水でオイルを十分に乳化させてからお使いください。肌に残る製剤が減り、少しはダメージが食い止められるはずです。

界面活性剤の作用

化粧品の基本原料は水と油。それを混ぜ合わせるために界面活性剤が使われます。この製剤は安価なものほど肌負担が大きいのです。また、クレンジングオイルを水と混ぜ、乳化させてから使うと洗浄力が落ちます。ですから、メーカーはオイルを直接、メイクした肌につけるよう伝えています。当然、顔にはぬめり感が残るので、何度も洗顔することになり、肌にさらなるダメージを与えるのです。

クレンジングオイルが肌に与える影響

1 メイクにクレンジングオイルをなじませると肌の上にクレンジングオイルの層ができ、その中で界面活性剤（○）とメイク（▲）が浮遊します。

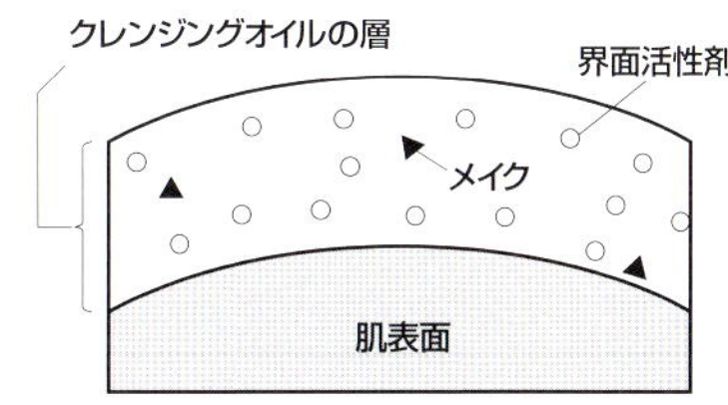

2 水で洗い流すと、界面活性剤の働きで油と水が混ざり、乳化して流れていきますが、乳化が不十分なオイルは肌表面に残ります。

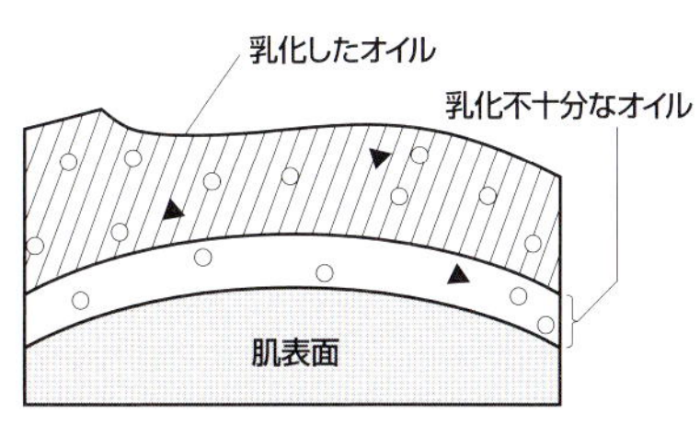

3 肌に残ったオイルと界面活性剤は、肌にぬめり感を与えてしまいます。

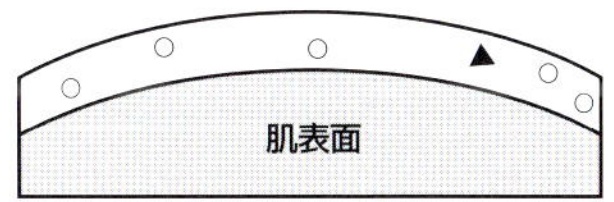

肌には「やさしく、やさしく」が基本

花粉症がピークを迎える季節になると、みんな鼻を真っ赤にして歩いているでしょう。あれは、鼻をかむときにティッシュが皮膚を摩擦し、さらに水分を奪うので、鼻のまわりがボロボロになっているのです。

ところが最近は、うっすらと湿ったティッシュが出ていますよね。私もときどき使うのですが、あれは肌あたりがよくて皮膚が赤くなりにくいのです。そう、ティッシュというのは一見ソフトですけれど、強く擦れば無数のキズがつくともいわれます。だからティッシュを使って口紅を落としたり、メイクを拭き取ったりするのはおすすめできません。

あぶらとり紙にも通じるのですが、乾燥したもので顔を拭くと、どうしても力が入り過ぎてしまい、それが知らず知らずのうちに、肌に多大な負担を与えることに。

たとえば洗顔のあとは、水滴を拭うようにタオルをそっと顔にあてる。寝るときには、肌の水分を奪わない木綿のパジャマを着る。些細なことですが、こういったことが美肌の育成につながるのです。

私は自宅にある木製のテーブルを拭くとき、必ず濡れタオルを使います。なぜなら、木は生きているから。基本的に生きているものには水分を含んだもので触れるというのが原則。ですから、肌に触れるときも、やさしく濡れたもので、ということを習慣づけてください。

もちろんティッシュは、私の生活にも欠かせない便利な道具です。ただし、それでデリケートな顔だけは擦らないでほしいのです。

ダブル洗顔をやめると肌は甦（よみがえ）る

「化粧水はひと月1本を目安に、たっぷりと使って！」などと唱えている私ですが、こと洗顔料に関しては、「肌を摩擦しないように、しっかりと泡立てて」ぐらいのアドバイスにとどめています。それは私自身、洗顔料というものをほとんど使わないからです。

こういうと、「でもスキンケアは清潔が第一なのでは？」という人が必ず現れるのです。誤解のないようにお伝えしておきます。

私は何も顔を洗っていないわけではありません。クレンジングさえしっかりしていれば、さらに洗顔料を使う必要などないといっているのです。ですから、クレンジングのあとは、私は基本的にぬるま湯で素洗いするだけ。それで十分だと思っています。

日本人女性の多くは、クレンジング剤でメイクを落としたあと、さらに洗顔料で肌がキュッキュッとなるまで顔を洗います。大半の化粧品メーカーが、この「ダブル洗顔」をすすめているので、いまやスキンケアの常識のようになっていますが、これでは「洗い過ぎ」なのです。

結果、肌をガードする機能まで奪われて、必要以上に脂が出たり、逆にカサカサしたり、肌が硬くなったり、といった現象が起きるのです。洗い過ぎをやめただけで、素肌が見違えるほどきれいになった人を私はどれだけ見てきたことか！

これまでに何度も申し上げていますが、今の化粧品のレベルなら、クレンジング剤だけで肌の汚れは十分に落ちます。私の場合、朝の洗顔も基本は素洗い。洗顔料を使うのは、たくさん汗をかいたり、汚れが気になるときだけです。

「つけるのに30分、取るのに5分」はおやめなさい

みなさんに一度、試していただきたいことがあります。いつものクレンジングをしたあとに、ポイントメイクリムーバーをつけた綿棒で、目のまわりを丁寧にお掃除してみてください。びっくりするほど、アイメイクが綿棒の先につくはずです。

私がいいたいのは、クレンジングをおざなりにしている女性が多過ぎるということ。

私は根っからの面倒くさがり屋ですが、どんなに疲れて帰宅しても、メイクだけは綿棒とコットンを使って完全に落とします。なぜならば、これがくすみや黒ずみの原因になることを知っているから。クレンジングで取りきれなかったアイシャドウやマスカラの色素は、肌の細かい凹凸に入り込み、やがて色素沈着を起こします。みなさんも、それは避けたいでしょう。

だったら、メイクをしっかりとした日には、それと同じ時間をかけるつもりでクレンジングも念入りにしましょう。

顔全体のクレンジングには私は30代のころからクリームタイプのものを使っています。手のひらにとって指で混ぜ、体温で温めます。それを顔に塗り、メイクとよくなじませてから、水で湿らせて軽く絞ったコットンで拭き取ります。そのあとは素洗いで終了。

今はウェットティッシュ・タイプの便利な「クレンジングシート」などもありますが、あれは旅行のときだけ。そもそも、いつも濡れているのにカビが生えないなんておかしいですよね。防腐剤などをたくさん使っているはずです。

仕上げは白目をきれいに保つために、ビタミン入りの目薬で汚れを洗い流しています。

アイメイクの落とし方

アイメイクや口紅など色のついた化粧品は、ファンデーションを落とす前に専用のリムーバーを使って落とします。これを怠ると長年の蓄積が色素沈着になり、顔をくすませ、シワの原因にもなります。

1 水で濡らしたカット綿にポイントメイクリムーバー五百円玉大を染み込ませます。

2 全体になじませたら薄く4枚に裂きます。

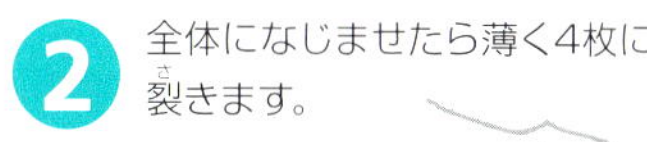

3 そのうちの2枚を三角形に折り、下まぶたの際に沿ってのせます。

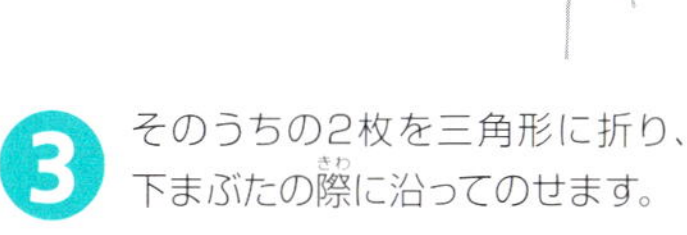

4 そののせたカット綿を片手で押さえながら、別のカット綿を上まぶたで上下に転がし、メイク汚れをなじませます。

5 ポイントメイクリムーバーを染み込ませた綿棒を使って、マスカラを下のカット綿に移すように落とします。

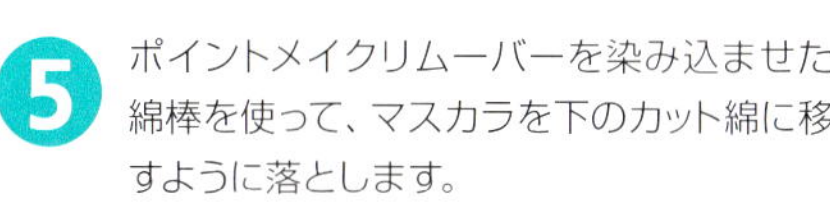

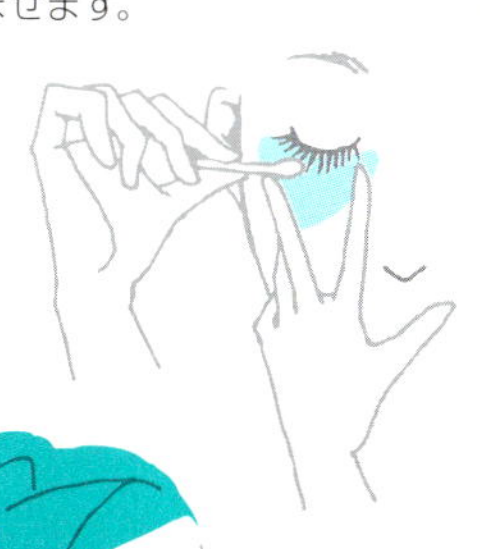

6 最後に、片方の手でこめかみを押さえながら、アイメイクを移し取ったカット綿を、目尻から目頭に向かって、汚れを拭きながら取ります。

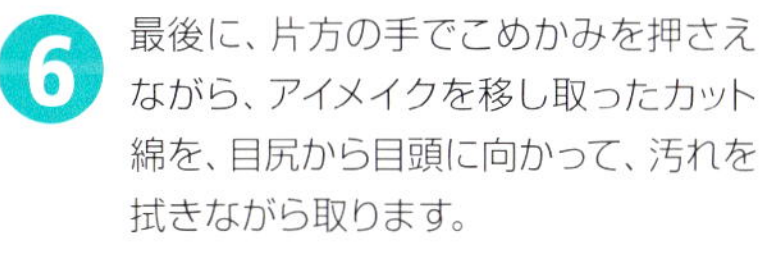

ファンデーションの落とし方

30歳を過ぎたらクレンジングはクリームを使いましょう。メイクがきちんと落とせる、肌負担をかけない、必要な水分を奪わないなど、肌にやさしいからです。クレンジング剤とメイクをなじませたら、濡れたコットンできれいに拭き取り、あとは素洗いで終了。

1 さくらんぼ大のクレンジングクリームを手のひらにとって反対の指で混ぜて温めてから、額、両頬、鼻、アゴの5ヵ所にのせます。

2 下から上に向かってクリームをなじませます。手のひらと指全体を使います。

3 手の基本的な動きは下から上へ、内から外へ。

4 額までいったら、鼻筋を小鼻へ向かって下がります。小鼻の横は汚れが溜まりやすいので、やさしく丁寧になじませます。

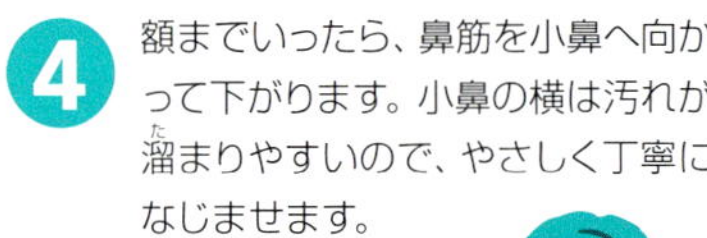

5 最後は上唇の上の筋肉と口角をキュッと押し上げて終了。このあと、濡れたコットンで拭き取ります。

「ドクターズコスメ信仰」にひとこと

「お医者さまが開発した！」「あなただけの一本！」

こういう言葉に日本人はとても弱いものです。それを象徴するのが、昨今のドクターズコスメ・ブーム。あまりにも多くの化粧品が氾濫する中で、実直そうなパッケージとやさしいキャッチコピーが「迷える女性」のハートを見事に射抜いた結果でしょう。

確かに、医療として肌を研究した末に開発された、良質なドクターズコスメもあります。でも、中にはそうでない紛らわしいものもありますし、「あなただけの……」と謳うなら、きちんとその方のために調合されたものであってほしいと思います。

「脂っこいものを食べたから、吹き出物ができた」「寒空の下を歩いたから、肌が乾燥した」という具合に、肌がトラブルを起こすのには、必ず原因があります。それをあなた自身で探らなければ、永遠に解決などできません。それを「咳が出るので、風邪薬ください」という具合に簡単に封じ込めてしまったら、いわゆる「自然治癒力」というものは退化してしまうでしょう。

まずは、自分の胸に手をあてて、トラブルの原因を突き止める。そうしたら、化粧品カウンターに行って、それを素直に話せばいいのです。

今の化粧品は、それこそ「薬並み」の力をもったものもたくさんあります。何をどう使うか。CMにまどわされずに、もう一度きちんと考えてみてください。

そしてお医者さまならば化粧品をつくるのではなく、医療によって皮膚をきれいに治してあげてほしい、そして心のケアも忘れないでほしい、と私は願います。

塩害を防ぐとトラブルは消える

家族や恋人と海辺を散歩したとき、髪の毛がパリパリになったり、皮膚がヒリヒリとした経験はありませんか。それは、紛れもなく「潮風」のしわざです。

塩分は私たちになくてはならないものですが、これが肌につくと実にやっかいなのです。

その証拠に、肌がデリケートな方がテニスやゴルフをすると、必ずといっていいほど肌が炎症を起こして赤くなってしまいます。また、涙を流したあとに目尻がヒリヒリとすることはないでしょうか。これらはすべて塩分によるトラブル、そう「塩害」です。ですから、健やかな肌を保ちたいなら、汗や涙は「できるだけ早く」、肌から取り去らなければならないのです。

たとえば、汗をかいたら水で濡らして絞ったコットンで塩分を拭う。涙を流したあとには、綿棒の先を水、なければ自分の唾液でもいいですから少し濡らして目尻、目頭まで拭く。

また、理想的なケアとして、保冷剤を使う方法があります。お菓子などについてくる保冷剤を冷凍室で凍らせておきます。それをガーゼハンカチで包み、チャックつきのビニール袋に入れて携帯すれば、しだいにガーゼハンカチがひんやりと湿ってきて、顔にあてれば塩分の除去と同時に、火照った肌を鎮静してくれます。

こうしたこまめなケアを1年間、意識してやり続けたお客さまは、汗をかきにくくなったうえに、お悩みだった肌のくすみや毛穴のトラブルまでも解消。目の下のクマも薄くなった、と大変喜んでいらっしゃいます。

高価な化粧品を買わなくても、「予防する」ことだけでもお肌はみるみる変わるのです。

塩害防止の便利グッズ

私はケーキなどについてくる保冷剤をいつも冷凍室に保管しています。出かける際に、それをガーゼハンカチで包み、ビニール袋などに入れて携帯します。ゴシゴシと顔を擦るのではなく、肌の炎症を鎮静させるように、やさしく押さえるように拭うことを心がけて。

凍らせた保冷剤を薄手の
ガーゼハンカチでポケッ
トサイズに包みます。

ビニール袋などに入れてバッグ
の中に携帯しましょう。時間とと
もにガーゼハンカチがほどよく
湿り、汗が拭きやすくなります。

自分の脂で最適な化粧直しを

ちょっとしたお土産としてよくいただくものに「あぶらとり紙」があります。渡す側として は手軽だし、かさばらないし、「誰もが使うものだから、喜んでくれるだろう」という思いがあ るのでしょう。そのお気持ちはうれしいのですが、私は残念ながら、あぶらとり紙というもの を一切使いません。

なぜかというと、答えは簡単。あぶらとり紙では、きれいになれないから。とくに、30歳を 過ぎた女性にとって、皮脂は不要なものではなく、貴重な天然の「ナチュラルクリーム」です。 それを根こそぎ取るなんてもったいない！　高いお金を払って捨てる必要などありません。気 になるのなら、「ある場所」から「ない場所」へ、移動させればいいじゃありませんか。

つまり、Tゾーンの皮脂が気になるなら、そこをきれいに洗った手で押さえてから、乾燥し がちな目元や口元にもっていってあげる。そうすれば全体の油分バランスがとれて、ギトギト 感も気にならなくなるはずです。

実は皮脂を取れば取るほど、肌は「あ、油分が足りなくなったな」と判断して、さらに分泌 してしまうのです。だから取っても取っても、テカリは消えない。

どうしても取りたいというのであれば、水で濡らして絞ったコットンでそっと押さえましょ う。そうすれば、水分と油分のバランスがとれて肌も落ち着きます。

間違っても、あぶらとり紙でメイクがヨレヨレになるまで肌を擦らないこと。基本的に紙は 紙、肌から水分を奪うものなのです。

「ある場所」から「ない場所」へ

きれいに手を洗い、テカリが気になる場所を手で押さえ、指についた皮脂を乾燥しがちな目元や口元にもっていきます。皮脂の中には水分も含まれているので、あぶらとり紙は水分も奪ってしまう。だから、テカっているのに皮がむけるという状態が起こるのです。

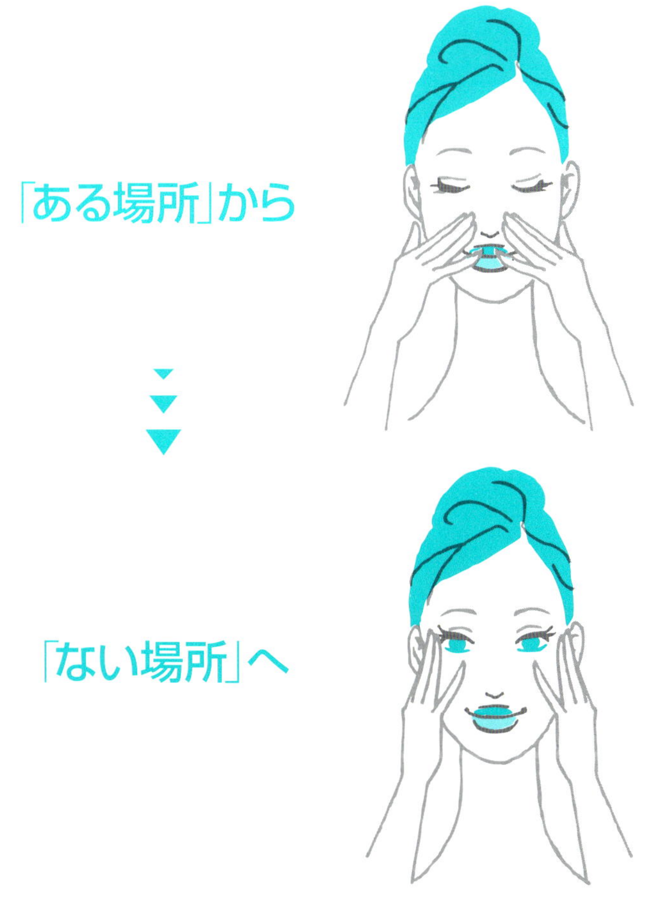

肌老化の原因の7割が紫外線！

最近、小泉首相の顔にシミが増えている。そう、政治家の方は選挙前になると街頭演説を日に何回もこなしますよね。シミやシワが増えるのは当たり前。ときどき私も「選挙に立候補すれば？」なんていわれますが、直射日光にさらされる街頭演説だけは、ご遠慮したいものです。私は18歳〔冗談はさておき、美肌をつくりたいのなら、とにかくお日さまを避けることです。

のときから一度も水着を着ていませんし、一年中、ＵＶ対策を欠かしません。

紫外線を浴びると肌はメラニン色素をつくります。これは過剰な太陽光線を吸収してくれる一種の保護の役割があるので、一概に悪役扱いしてはいけません。しかし、これが肌表面に浮上してきてシミとなるのです。もっとも新陳代謝の盛んな若いうちは、すぐに剥がれてなく

なるのですが、年齢を重ねるにつれ皮膚表面に長く滞在するようになるのです。

また、日焼けによってカサついた肌はシワもできやすく、たるみがちに。

まさに、「美肌にとって、日焼けは百害あって一利なし」。

先日、仕事で3年ぶりにフランスへ行きました。小麦色の肌がステイタス・シンボルのフランスでは、日本と違って、「色白の肌はバカンスに行く余裕がない証拠」として嫌われます。でも、彼らの肌は年齢とともにシミ、シワだらけに……。

肌老化の原因の実に7割が紫外線のしわざだといわれています。もちろん、肌本来がもつ保護組織を失ってしまうので、メラニン色素生成に紫外線は不可欠です。しかし、それは同時にシミ、シワをつくる原因にもなっているのです。

トータルで自分を好きになる

「肌がきれいですね」

何度聞いてもうれしい言葉です。私はこういわれたときに、決して「そんなことありませんよ」とはいわずに、素直に「ありがとうございます」と答えるのです。そして、人にも「今日の肌、とってもきれいよ」とよく声をかけます。そうすると、何だかそこにいる人みんなが幸せな気持ちになれるでしょう。

化粧品メーカーにいたころ、カウンターにいらっしゃるお客さまは、決まって「シミが……」「シワが……」「たるみが……」と口にしていました。でも、私から見ればそれはまったく気にならない。自分が思う欠点というのは、他人から見ればその程度のものなのです。

一点のシミに固執（こしつ）するよりも、私はおいしいものを食べて肌全体を明るくするとか、からだの内外からうるおいを与えてプルプル肌をつくるほうが、よほど魅力的になれると思うのです。たとえ欠点があっても、「たるまないように、顔のエクササイズをしよう」という具合に前向きになれる人は、美肌を手に入れるスピードも速い。

だから、みなさんもごく小さな欠点にとらわれないこと。百点満点の肌の人なんていないに等しいのですから。

私は、朝起きて鏡を見たときに肌の調子がよければ、「あら、何だかいいじゃないの！」と声に出していうのです。そう、アラ探しではなく「きれい探し」を今日からぜひ！

①

顔がどんどん上がる
「幸せのV字塗り」

　みなさん、クリームを塗るときや顔を洗うときに、どのように手を動かしていますか？ よく目にするのが、顔を洗うときに手を上下に動かす「タテ洗い」。そして、クリームや美容液を顔につけるときには、上から下に手を移動させる「下ろし塗り」。

　これでは、「シワになってください」「頬よ、下がってください」といっているようなもの。私はいつだって「上へ！ 上へ！」の気持ちでお手入れをしています。顔を洗うときには、アゴから耳の下に向かって両手で「V字」を描くように、やさしく手を動かす。

　クリームや美容液を塗るときにも、まず上から下に手を動かすことはありません。「もっと上がってね」と唱えながら、とにかくV字を意識して上に向かって塗り込んでいくのです。

　ある女優さんも、雑誌のインタビューでこう語っていました。「指先からは『気』が出ていますから、それをフルに活用します。顔を洗うときもからだのお手入れも、私は『上へ！』と手を動かしています」と。

　これを毎日実践していると、頬や口元、目尻はしだいに上に向かっていき、やがて「形状記憶」されていきます。そう、顔がきれいにリフトアップされていくので、名づけて「幸せのV字塗り」。
　「顔がたるんできたわ」「二重アゴをどうにかしたい」と嘆く前に、毎日の洗顔のしかたやクリームの塗り方を見直してみてください。
　美容のヒントは、意外と身近なところに転がっているものです。

第2章 「佐伯肌」の条件――「う・な・は・た・け」進化版

「美肌」に求められる条件を
ご存知じでしょうか？
ご自分の肌に「何が足りないのか」、
問いかけてください。

美肌の条件「う・な・は・た・け」

「あの人の肌、ハリがあるわねぇ」「うるおいがあって、うらやましいわ」

肌の美しさを表現するときに、女性がしばしば使う言葉に「ハリ」や「うるおい」などがあります。

でもみなさん、「ハリのある肌」「うるおいのある肌」とは、具体的にどのような肌を指すのか、おわかりですか?

私は、美肌の5原則として「う・な・は・た・け」というキーワードをよく用います。それは、「うるおい」「なめらかさ」「はり」「だんりょく」「けっしょく」の最初の文字をとったもの。

これらがすべて満たされているのが、理想的な肌というわけです。

でも、「あなたの肌には、うるおいがありますか?」と聞かれたところで、多くの女性は答えに困ってしまうのではないでしょうか。なぜならば、その判断基準がないから。

だから今回、私は「う・な・は・た・け」チェックシートをつけて、自分の肌には「何が足りていて、何が欠けているか」、さらには「それが欠けていると、どんなトラブルが起きやすいか」というところまで、徹底的に解説させていただきました。

「佐伯さんは、どうしてそこまで『う・な・は・た・け』にこだわるの?　肌がきれいなら、それでいいじゃない」と思う方も、いるかもしれません。それに対する答えはひとつ。

「美肌目標は、具体的であるほどいい」からです。

たとえば、「スレンダーで愛らしい女性になりたいわ」というのと、「私はオードリー・ヘプバーンになる！」というのでは、目標のレベルがまったく違いますよね。

前者のような漠然とした目標からは、なかなか行動が起こせませんが、「オードリー・ヘプバーンになる」という目に見える目標があれば、「じゃあ、まずはウエストを絞る運動をしよう」「目がパッチリと見えるメイクをしてみよう」という具合に、行動が起こしやすくなるのです。

だからこそ、ただ「きれいな肌になりたい」ではなく、「私にはうるおいが欠けているから、ローションパックを毎朝、毎晩やって十分に水分補給をして、トロリ系の化粧品を使えばいいんだわ」というように、すぐに実行に移せる具体的な方法を考えていただきたいのです。そのほうが、より早く、より確実に、理想の肌を手に入れることができるからです。

ちょっと考えてみてください。

ただ何となく「富士山登頂」に憧れていても、富士山は歩いてきてはくれません。富士山に登るためには、どんな道具を用意して、どうやってふもとまで行き、どのようなペースで歩いていくか。そういうことをひとつずつ計算して、いざ実行に移した人だけが、富士山登頂という夢を果たすことができるのです。

どうぞこの機会に、自分の肌の特徴をしっかりと見極めてください。一日の時間帯、あるいは季節によって、肌がどんな状態に陥りやすいか。食べ物や睡眠などの生活スタイルによって肌がどんなふうに変わるか。

そうやってひとつずつ、自分の肌の特徴をつかみながら、「なりたい肌」を明確にしてみてください。そうすれば、あなたが歩むべき「ルート」が、鮮明に浮かび上がってきますよ。

【うるおい肌】 うるおいのある肌って、どんな肌？

水分をたっぷりと含んでいて、しっとりとした柔らかさをもつ肌。これが「うるおい」のある肌です。

お風呂上がりを想像してみてください。水気を含んだプルプルの肌は、透明感があり、手をあてると吸い付くような感触が得られますよね。

おでんに入れる大根も、まず水煮をして繊維に十分な水分を含ませると、軟らかくて透き通るようになってくる。そうやって水分を含むと、味が中まで染み込みやすくなるのです。

美肌にとって、この「水分」というのはとても大切な要素。だから私は、口を酸っぱくして、「ローションパックをしてね」「お水をたくさん飲んでね」とお伝えしているのです。

一方、目や口のまわりが粉っぽくなったり、皮がむけてきたり、顔に触れたときに、ザラザラとして硬い感じがしたりするのは、明らかに「うるおい不足」のサイン。

そういう肌には、化粧水や美容液がスムーズに入っていきませんし、メイクもうまくのりません。

さらに、肌表面が乾燥していると「日に焼けやすい」「かゆくなる」「洗顔後に赤いブツブツが出てくる」など、トラブルが起きやすいのも事実です。

年齢とともに、私たちのからだの水分は少しずつ減ってきます。だからこそ、意識して補充していく必要があるのです。うるおいさえあれば、肌のガード機能も高まりますし、それこそスッピンで街を歩きたくなるほど、素肌に自信がついてくるはずです。

「うるおい」セルフチェック

両頰に手のひらがはりつきますか？

水分をしっかり含んだプルプルの肌

❶水分と油分のバランスがとれている。

❷メイクがきちんとなじんでいる。

❸しっとりとした柔らかさがある。

❹指で押すと戻ってくる感じがある。

❺肌に透明感がある。

【うるおい肌への道】……とにかく水分補給で真皮ケアを主体に!

❶お手入れのポイント
とにかく肌に水分を与えて、それをキープさせることです。たとえば、ローションパック進化版（74ページ参照）で、たっぷりと水分補給をする。スプレーで顔の筋肉を活性化しつつ、肌表面にうるおいを与えるウォーターマッサージ（78ページ参照）も効果的です。さらに、紫外線やエアコンは肌の乾燥を招く大きな要因。外出時の日焼け対策はもちろん、エアコンのきいた部屋にいるときには、保湿クリームを塗るなどのこまめなケアを！

❷おすすめの化粧品
基本は、サッパリ系ではなくトロリ系。保湿を意識した化粧品選びを心がけてください。美容液なら、うるおいを内側から保つ「保湿美容液」。スキンケアの仕上げは、乳液ではなくクリーム。また、乾燥しやすい目元には必ずアイクリームを塗りましょう。メイクにもひと工夫が必要です。パウダリータイプのファンデーションは、肌の水分を奪うので、極力リキッドタイプを。また、口紅にグロスを重ねれば保湿にもなりますし、見た目の「つや感」もアップします。

❸食のアドバイス
山芋やオクラ、納豆、里芋などの「ネバネバ系食材」や、さけ、鶏手羽先など、「ヒアルロン酸」を豊富に含むものは、肌の水分キープのためにとても有効です。ヒアルロン酸は化粧品に使わ

うるおい不足の肌

- ●目元と口元が乾燥している。
- ●脂浮きするのに、肌全体がカサついている。
- ●洗顔後、肌がつっぱりやすい。
- ●ストレスや睡眠不足に悩んでいる。
- ●顔全体に疲れた印象がある。

うるおい不足の肌は……シワに注意!

▼

66ページへ

れることも多く、肌を内側からプルプルにしてくれます。また、乾燥予防には「ベータカロテン」を含むものもおすすめ。かぼちゃやにんじん、ほうれんそうなどがそれです。サラダにしたり、お味噌汁に入れて、毎日の食事に積極的に摂り入れてください。

【なめらか肌】なめらかな肌って、どんな肌？

上質な磁器を思わせる「なめらかな肌」は、いつの時代も女性の憧れです。それは、具体的にどのような肌のことをいうのでしょうか。

なめらかな肌とは、いい方を換えると「キメの整った肌」。ただし、女性の多くが「キメが細かい」＝「凹凸の少ないツルンとした肌」と思い込んでいる。だから、肌を平らにしようとしてゴシゴシと洗顔をしたり、ピーリングに走ってしまうのです。

本来、健康な肌には「皮丘」と「皮溝」という凹凸がしっかりとあります。その谷間で水と脂が混ざり合って天然のクリームとなり、水路のように肌表面を流れているのです。つまり、「なめらかな肌」とは「平らな肌」ではなく、規則正しい起伏があって水分と油分のバランスがとれている肌ということ。ここを誤解なさらないでください。

その「キメ」を乱してしまうのが紫外線による肌の乾燥や、表面に溜まった角質、また過剰な皮脂分泌や顔の洗い過ぎなどです。

肌の凹凸パターンが乱れてキメが粗くなると、光が肌にあたったときにパーンと跳ね返してくれませんから、必然的に肌はくすんで見える。また、水と脂が混ざるべき溝がつぶれて肌がギトーッとする。そして、もちろんメイクのノリも悪くなります。

みなさん、「なめらかな肌がほしい」といいながら、ゴシゴシと顔を洗ったり、脂っこいものを好んで食べていませんか？　なめらかさを保つためには、常にキメを整えるケアを意識してください。そして、ふだんの食事や生活習慣も改めてチェックしてみてください。

「なめらかさ」セルフチェック

額と鼻にほどよいベタつき感がありますか?

水分と油分のバランスがとれたキメ細かい肌

❶ 皮膚が柔らかい。

❷ キメが整っている。

❸ メイクが長持ちする。

❹ 皮脂の分泌量が比較的少ない。

❺ 新陳代謝が活発。

【なめらか肌への道】……角質を取って「薄着肌」に！

❶ お手入れのポイント

ターンオーバーを促して、生まれたての肌をキープするには、まず角質ケアです。週に1〜2回はスクラブ洗顔（80ページ参照）をして、古くなった角質を取り除きましょう。また、額や小鼻、アゴなど、とくに毛穴に汚れや皮脂が溜まりやすい部分は、クレンジングも念入りに。どうしても肌がオイリーに傾く方は、ローションパック進化版（74ページ参照）や、ウォーターマッサージ（78ページ参照）で水分をプラスし、水分と油分のバランスを整えるケアを。

❷ おすすめの化粧品

化粧品を選ぶときには、「着込む」のではなく「羽織る」感覚で。なめらかさを妨げるのは、肌に残った古い角質や、多過ぎる皮脂など、「過剰なもの」ですから、厚塗りは厳禁です。たとえば、クリームよりも乳液、化粧水はトロリ系よりもしっとり系、という具合に選ぶといいでしょう。なお、オイリー肌の方は、洗顔に力を入れてしまいがちですが、毎日のダブル洗顔など、「洗い過ぎ」はかえって皮脂分泌を招くので注意してください。

❸ 食のアドバイス

みなさん、「セラミド」という言葉を聞いたことはありますか？　これは、皮膚の細胞と細胞を結びつける、水気を含んだ接着剤のようなもの。このセラミドこそが、キメの整った「なめら

なめらか不足の肌

- ●キメが粗い。
- ●毛穴が目立つ。
- ●Tゾーンの脂浮きが目立つ。
- ●角質が残って肌が分厚い。
- ●深いシワがある。

か肌」の決め手に。不足すると干からびた状態になってしまいます。そこで、おすすめするのがヨーグルト。最近はセラミドやコラーゲン入りの商品もあり、ニキビ改善にもよいといわれています。私も毎朝、いただいています。

【ハリ肌】ハリのある肌って、どんな肌？

内側からパーンと張った肌は、健康的で若々しく見えるだけでなく、肌そのものが元気でトラブルを寄せつけないという特徴があります。

そもそも「ハリのある肌」とは、単に表面がピンと張っていることではありません。もっとも10代、20代ならば、肌の基礎体力がありますから、肌の表面、「表皮」ケアだけでハリは回復します。しかし、年齢とともに表皮だけでなくその下、「真皮」の体力も衰えますから、「ハリがほしい」といって表皮にいくら水分を与えても、なかなか内側から押し上げるような感触は得られない。つまり30歳を過ぎてからの「ハリ肌」には、「健康な真皮」が必要なのです。

買ったばかりのベッドを想像してみてください。ベッドのスプリングがきいているときには表面にも「ハリ」があるものです。ところが、スプリングがヘタッてしまうと、押しても戻る力がなくなるばかりか、見た目にもハリ感がなくヘナッとした状態になります。

これを肌に置き換えると、スプリングは真皮。つまりここが元気でないと、表面のハリもなくなるのです。

私はいつも皮膚の説明をするときに、こういいます、「表皮と真皮は1セットよ」と。表皮は「外敵から守ってあげるから、栄養をちょうだいね」と真皮にいい、真皮は「栄養をあげるから、守ってね」という。そう、両者は「共存」し合う関係なのです。

肌のハリには水分、油分、栄養分が必要。それを肌の奥までしっかりと与えて、「新品ベッド」の肌をつくってください。

「ハリ」セルフチェック

こめかみと耳下腺に指をあて、
軽く横に引っ張ると伸びますか?

水分、油分、栄養分たっぷりの若々しい肌

❶ 指で押すとすぐに押し戻してくる力がある。

❷ 肌にみずみずしさと輝きがある。

❸ 水分と油分のバランスがとれている。

❹ しっとり感がある。

❺ シワが少ない。

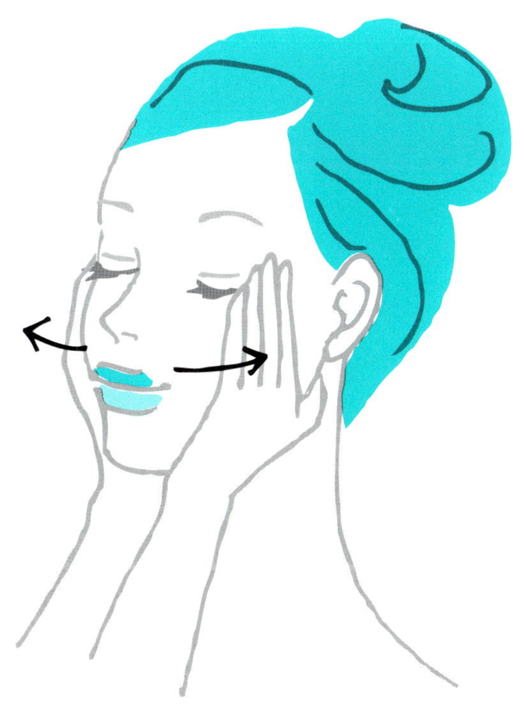

【ハリ肌への道】……からだの内外から栄養を補給！

❶お手入れのポイント

ハリがなくなる原因は、水分、油分、栄養分の不足や、新陳代謝が鈍ることなど。こういった「肌をしぼませる」要素を、ひとつずつ取り除いていくことが肝心です。そのためには、顔の洗い過ぎや日焼け、エアコンのかけ過ぎなど、肌の水分と油分を奪う原因を減らすとともに、スクラブ洗顔（80ページ参照）やパックなどで表皮ケアをして、「新しい細胞」が生まれやすい環境を整えること。もちろん保湿ケアや、からだの内外からの栄養補給も不可欠です。

❷おすすめの化粧品

日中は紫外線やエアコンによる水分不足をなくすために、デイクリームで乾燥対策を。メイクは保湿力のあるクリームやリキッド・ファンデーションでしっとり仕上げます。夜は肌の表面を整えるパックや、水分と油分を補給するナイトクリームをつけて早めに就寝しましょう。なお、真皮に水分や栄養を与えて繊維部分から肌をふっくらとさせるには、美容液がおすすめ。さらに、季節の変わり目には、表皮の「集中ケア」を取り入れてみましょう。

❸食のアドバイス

肌のハリを左右するのが、コラーゲンという鎖状の繊維を結束している、エラスチンの存在。つまり、これが劣化すると肌が「しぼむ」のです。エラスチンを体内から補給するなら、高野

ハリ不足の肌

- ●目尻に小ジワが目立つ。
- ●肌全体がしぼんだ感じがする。
- ●水分と油分がともに不足し艶がない。
- ●肌がザラザラしている。

豆腐がおすすめ。女性ホルモンに似たイソフラボンと、エラスチンのあわせ技で、肌の若返りをサポートしてくれます。他にエラスチンを含むものには、かつおぶし、しらす干し、海苔、小豆などがあります。たっぷり摂って、ふっくら肌を保ちましょう。

ハリ不足の肌は……シワ・たるみに注意!

▼

66ページへ

【だんりょく肌】弾力のある肌って、どんな肌？

頬を押したときに、指が肌の中にズブズブと入っていき、そのまま跡がついてしまう。これは、弾力不足の肌です。「弾力のある肌」とは、指で押すと「戻す力」が感じられる肌のこと。赤ちゃんのほっぺたを指で軽く触れると、すぐにポンと戻ってきますよね。あの感じをイメージしてください。

ところでみなさん、「弾力」と「ハリ」の違いはおわかりになりますか？　このふたつはよく混同されるのですが、まったく違うものです。

簡単にいえば、弾力は「真皮」、ハリは「表皮」に関係している。ただし、前項の「ハリ」の部分でもお伝えしたとおり、30歳を過ぎた肌は、表皮ケアだけでは不十分。つまり表皮の土台となる真皮部分がスカスカ状態では、いくら表面だけをとりつくろっても、それは「手抜き工事」に過ぎない。いつかボロが出てくるのです。

そこで、真皮の繊維部分をふっくらとさせてくれる強い味方が美容液です。

たとえば、最初はふわふわのタオルでも、何度か洗濯をするとゴワゴワになってきますよね。そのときに、繊維を整えて再びふっくらとさせてくれるのが「柔軟剤」の役目。美容液は、まさに「肌の柔軟剤」といえるのです。ぺしゃんこになった真皮の繊維を1本ずつ整えて、肌を奥からふっくらとさせてくれる。その結果、弾力が甦り、肌の表面に「ハリ」も出るのです。

「弾力には真皮ケア」の意味、もうわかりましたね。ではさっそく、今日から実践を！

「だんりょく」セルフチェック

頬を指で分厚くつまめますか？
つまむと痛いですか？

目元、口元、輪郭がキュッと上がった肌

❶指で押すと押し戻す力がある。

❷肌に艶と輝きがある。

❸キメが細かくふっくら感がある。

❹目尻や口角のたるみが少ない。

❺全体的にしっとりとしている。

【だんりょく肌への道】……「たるませない」ための真皮ケアを！

❶ お手入れのポイント

肌に保水性や弾力性を与える繊維がコラーゲン。ゴムのような弾力をもち、コラーゲンを結びつけているのがエラスチン。そして、それらを水分で満たす、ゼリー状の物質がヒアルロン酸です。どれも「弾力」には欠かせないもの。ただし、加齢とともに機能が衰えていくので、化粧品や食べ物でフォローする必要があります。今はコラーゲン、エラスチン、ヒアルロン酸を含む製品がたくさんあるので、自分に合ったものを選びましょう。

❷ おすすめの化粧品

コラーゲンやエラスチンを含む美容液で、真皮の繊維部分を強化しましょう。ただし、表面に角質が溜まった状態では美容液の浸透も悪いので、スクラブ洗顔（80ページ参照）やローションパック（付録参照）による表皮ケアも忘れずに。また、肌の深部に栄養を与えるパックや、真皮のさらに奥にある「筋肉」に働きかけて、「肌体力の底上げ」をするウォーターマッサージ（78ページ参照）もおすすめ。季節の変わり目には真皮の集中ケアをぜひ取り入れましょう。

❸ 食のアドバイス

真皮に存在する繊維で、ゴムのような弾力をもつのがコラーゲンであることは、先に述べました。この肌の弾力維持に欠かせないコラーゲンを多く含む食材には、うなぎや鶏手羽先、ふか

46

だんりょく不足の肌

- 目尻や口角が下がっている。
- 二重アゴになる。
- 輪郭がたるんでいる。
- 肌を押しても押し戻す力がない。
- 肌に若々しさがない。

だんりょく不足の肌は……シワ・たるみに注意!

▼

66ページへ

ひれ、スペアリブ、かれいなどがあります。中でも、うなぎは肌表面に膜をつくって水分を保つ働きをもつので、「美肌フード」としておすすめ。また、レモンやトマト、ブロッコリーなどに含まれるビタミンCも、コラーゲンの生成にひと役買ってくれます。

【けっしょく肌】血色のいい肌って、どんな肌？

どんなに美人でも、青白い顔をしていては、どことなく冷たい印象を与えるものです。私は

よく「女はツヤよ!」というのですが、艶という字は「豊かな色」と書くでしょう。つまり、お

風呂上がりの頬がポッと赤くなった、バラ色の状態こそが、艶のあるいい女の肌。そういう肌

の持ち主は、健やかで若々しく見えますし、自然に「幸せオーラ」が出ているものです。

血色のいい肌とは、そのものズバリ、血の色がきれいでないといけない。ということは、肌

表面よりも、からだの中のケアが肝心になってくるのです。「顔色がいつも悪いんですけど」と

いう方は、ハッキリいって表皮ケアだけをしていてもダメ。たばこを吸い過ぎていないか。十

分な睡眠をとっているか。塩辛いものを好んで食べていないか。からだを冷やしていないか。

まずは、このようなことをチェックしてみてください。

からだの中からきれいになれば、おのずと血色もよくなりますし、肌にハリや透明感も出て

きます。そのうえで、老廃物の除去を促すリンパマッサージをしたり、肌表面の角質を取って

透明感を甦らせるスクラブ洗顔などをすれば、それこそ内と外からの最高のお手入れになるわ

けです。

体内の浄化には、何といっても食べ物の力が不可欠。お水をたっぷりと飲んで血液の循環を

よくし、塩分を控えて、血をきれいにする食べ物を積極的に摂りましょう。

「けっしょく」セルフチェック

頬を手のひらで包み込んで離すと
ほんのり赤く色づきますか?

くすみのない透明感のあるバラ色の肌

❶皮膚が柔らかくハリがある。

❷全体的にしっとりとしている。

❸肌に透明感がある。

❹新陳代謝が活発である。

❺ハツラツとした印象がある。

【けっしょく肌への道】…… 食べ物を意識して体質改善！

❶ お手入れのポイント

血色をよくするには、マッサージが効果的です。入浴中などに、手のひらで顔を軽く押したり離したりしてみてください。ほどよい「ポンピング」作用で、血流を促してくれます。お手軽スチームパック（76ページ参照）や耳のマッサージで心身をホッとさせるのもおすすめ。なお、角質の肥厚（ひこう）や不十分なクレンジング、リンパの流れの悪化などは、肌色をにごらせる原因に。スキンケアでは、「つける」よりも「取る」ことを優先させましょう。

❷ おすすめの化粧品

きちんと「取る」ための化粧品としては、まずクレンジング剤。濃いめのメイクをした日には、クリームタイプのクレンジング剤を使って、「一粒のアイシャドウも残さない」くらいの気持ちで、完全にメイクを落とすこと。さらに、表面に溜まった角質のケアには、週に1～2回のスクラブ洗顔（80ページ参照）を。なお、リキッド・ファンデーションを塗り込むときに、指の腹で押し込むようにすると、血行がよくなり、ほのかなバラ色の肌が完成します。

❸ 食のアドバイス

「血色には鉄分」と覚えてください。鉄分を多く含むのは、あさりやレバー、かつお、まぐろ、ひじき、ほうれんそうなどです。とくに女性は生理があるために、貧血になりやすいといわれ

けっしょく不足の肌

- ●全体的に肌がくすんでいる。
- ●目元の小ジワやシミが目立つ。
- ●皮膚が硬くてハリがない。
- ●角質が残っていて皮膚が分厚い。
- ●肌がカサついている。

けっしょく不足の肌は……くすみに注意!

▼

54ページへ

ています。貧血予防にも鉄分は効果的。ほうれんそうのおひたしや、あさりのお味噌汁などは簡単につくれて肌にもいいので、ぜひ食卓に。また、血行をよくするためには、半身浴やウォーキングなども効果的です。食事とあわせて実践してみてください。

2

化粧品にも
使用期限はあるの?

　これは、非常に多く寄せられる質問です。肉や魚と違って、多くの化粧品には「期限」というものが記されていません。ですから、化粧品の減りが遅い方などは、それこそ一度買ったクリームをカチカチになるまで、何年も使っているということが少なくないのです。

　パッケージを開封していない場合、通常、化粧品を買ってから「2年以内」を消費期限の目安と考えてください。ただし、封を切ったら1年を目安に使いきること。なぜならば、使い始めた瞬間から化粧品の「酸化」が始まるからです。

　酸化というのは、ご存じのとおり「クギがサビる」というような状態。サビたものを肌につけたら、どうなりますか?　きれいになるどころか、老化を促すことになりますよね。

　そのためにも私は、クリームなどを容器から取るときには、直接手で触れずに「スパチュラ」とよばれるヘラを使い、化粧品は直射日光のあたらない場所に保管することを、おすすめしているのです。

　では、1年で使いきれなかった化粧品はどうするか。

　たとえばクリームならボディにつける。美容液なら頭皮に塗れば、髪がツヤツヤとしてきます。ただし、サンプル商品に関しては、話がまた別です。これは、すぐに使うことを前提に製造・配布されているので、未開封でも1年はもちません。「年末の温泉旅行用に」などと大事にとっておかないで、なるべく早く使いきるようにしましょう。

第3章　肌トラブル──「なぜ」出る？「どう」ケアする？

トラブルが起こるには
「原因」が必ずあります。
そこを突き止めてケアすれば、
必ず、解消できます。

【シミ・くすみ・クマ】はなぜできる？

一点のにごりもない肌は、女性にとって永遠の憧れです。だからといって、シミやくすみを一生懸命にコンシーラーやコントロールカラーで覆い隠したり、レーザーなどで人工的に取ってしまうのは、私自身あまり好きではありません。だって、そんなことをしなくても、日々の意識でいくらでもきれいにすることができるのですから。

そこで今回は、ただのトラブルケアではなく、もう少し踏み込んで、「原因別」のお手入れ法をお伝えしようと思うのです。なぜならば、原因があるからこそシミやくすみ、クマができるのであって、そこを知らずしてやみくもにお手入れをしても、なかなか効果は期待できないからです。

たとえばシミにしても、「テニスが好きで、よく太陽の下にいる」という方は、おそらく紫外線からくる「外因性」のシミ。一方で、「とくに思いあたる理由がないのに、突然、頬の外側にシミが出てきた」というのなら、内臓の疾患を疑ってみます。こちらは、からだの内側から発生する「内因性」のシミということになります。

そして、内因性のものは内側からのケア、外因性のものは外側からのケアを。「トラブルは入ってきたところから出してあげる」というのが基本です。なお、くすみとクマに関しては、大半が体内からくるもの。その対処法は、のちほど別途ご紹介いたします。

シミができる仕組み

紫外線があたると、皮膚は「メラニン色素」をつくって自らを防御しようとします。このメラニン色素は少しずつ肌の表面へと浮上し、通常は皮膚の新陳代謝によって剥がれ落ちるのですが、それがうまくいかないと肌の表面に滞在し、それがシミになります。

❶日差しを浴びると、紫外線（UV）が肌表面にあたります。

❷すると皮膚はメラニン色素をつくり、自らを守ります。このメラニン色素が日焼けの正体。

❸メラニン色素は皮膚の新陳代謝（周期：約28日）によって肌表面から剥がれ落ちて、肌は元の色に戻ります。ところが新陳代謝がうまくいかなくなると、メラニン色素が色素沈着を起こし、シミになるのです。

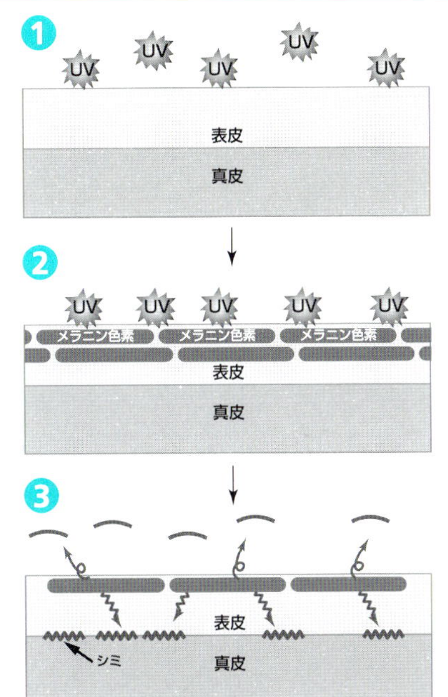

紫外線の種類と使う化粧品

地上に届く紫外線には、長波長紫外線（UVA）と中波長紫外線（UVB）があります。UVAは真皮まで届いてシワやたるみの原因に。UVBは表皮に強く作用してシミ、そばかすの原因をつくるといわれます。ちなみに日焼け止めクリームなどに見られる「PA++」などはUVA、「SPF30」などはUVBの防止効果の程度を示すもので、前者は+の数が多いほど高い効果が認められ、後者は数値が大きいほど、日焼けを遅らせることができるとされています。

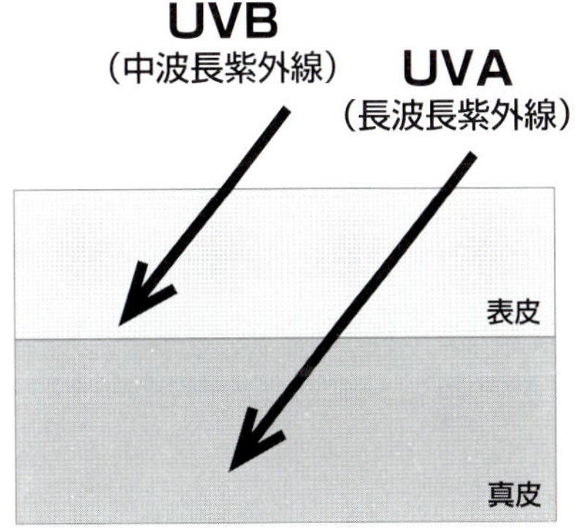

●UVAはシワ、たるみの原因→「PA」で対策を。
●UVBはシミ、そばかすの原因→「SPF」で対策を。

原因別シミに効く食材

ストレスから出るシミ

ストレスで肝機能が弱まったり、ホルモン分泌が少なくなると、頬骨から頬の中心にかけてと、額のあたりにシミができやすくなります。そんなときは、まず心身を休めること。そして、抗ストレス作用のあるビタミンCを含む、キウイやトマトなどを食べましょう。

ホルモンバランスの乱れから出るシミ

女性ホルモンの働きが衰えると、眉の上あたりにシミが出やすくなるといわれます。目のまわりの黒ずみは、子宮系の弱まりによることも。食材では、ホルモンバランスを整えるナッツ類や、女性ホルモンに似た成分、イソフラボンを含む豆腐や納豆がおすすめです。

内臓のトラブルから出るシミ

肝機能が弱まると眉間のあたりに、また頬の外側は、腎機能が弱っているときにシミが出やすい場所です。肝臓を強化するなら、タウリンを含むいかやたこを積極的に摂って。体調がすぐれなければ、お医者さまに相談を。なお、鼻筋のシミは宿便を疑ってみてください。

自律神経の乱れから出るシミ

口のまわりのシミは、自律神経の乱れによることが多いといいます。ビタミンB₁₂を含むあさりやしじみ、さんま、牡蠣などは乱れたバイオリズムを回復させるのにおすすめの食材です。簡単にできる、あさりの酒蒸しなどを、ときどきつくってみてはいかがでしょうか。

シミのお手入れ法

薄いシミには「美白2段パック」

肌表面に近い浅い部分にできる薄い色のシミは、「美白2段パック」で対処。ローションパック（付録参照）で肌表面を整えたあと、美白パックをして表面の色素を吸い上げます。美白パックはシミの箇所に「部分づけ」してもいいです。その上からラップで覆うと効果がアップ。

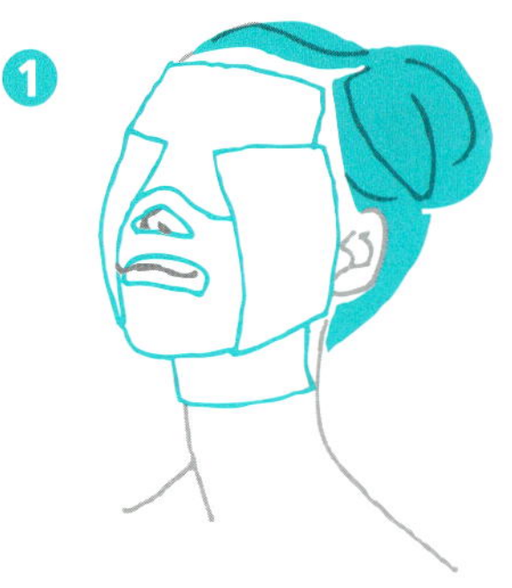

ローションパックで肌表面を整えます。

美白効果のあるクレイパックのようなものでメラニン色素を吸い上げます。このとき、気になる部分を集中的にパックしてもOK。

濃いシミには「美白3段パック」

年季の入った濃いシミも、諦めずに根気よくケアしましょう。薄いシミのお手入れに、ビタミンCパックを加えて、メラニン色素をキャッチします。この方法を毎朝晩続けて、五百円玉大のシミを1年で五円玉の穴の大きさにまで執念でお手入れなさった方を、私は知っています。

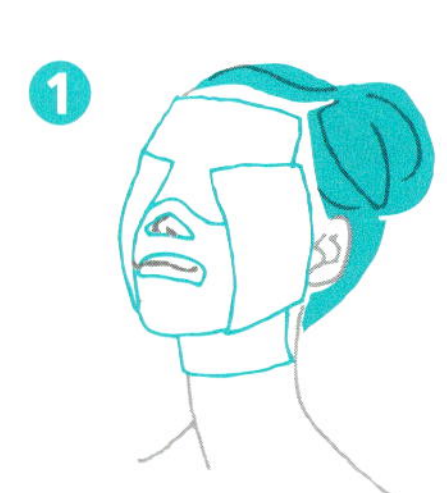

ローションパックで肌表面を整えます。

美白効果のあるパック剤でメラニン色素を吸い上げます。

水で湿らせたカット綿にビタミンC誘導体入りの美容液を含ませ、シミの部分に直接貼り付けて色素をキャッチ。その上からラップで覆うとさらに効果がアップします。

くすみとクマの効果的なケア

塩分の摂り過ぎや喫煙、睡眠不足などが、くすみやクマの主な原因。まずは、それらを取り除くことが改善への近道です。これらは体質的なものもあり、化粧品では解消しづらいのです。とくに、目の下のクマは腎臓のトラブルなどからくることもありますし、顔全体がどす黒い場合は、肝機能の衰えも考えられます。ただし病気でない限り、今よりも状態をよくすることは可能。色素沈着を起こさないように、クレンジングを完璧にしたり、顔剃りやティッシュオフなど、肌に刺激を与えることは極力避ける。また、血液とリンパの流れをよくすることで顔色は明るくなります。お風呂の中やテレビを見ながらでもいいので、こまめにリンパマッサージ（付録参照）をしてみてください。

シミ・くすみ肌チェック

該当する項目に☑を入れて、日常生活を見直してみましょう。

- ☐ 日中、紫外線を浴びることが多い。
- ☐ 精神的ストレスを感じている。
- ☐ ホルモンバランスが乱れがち。
- ☐ たばこを吸う。
- ☐ コーヒーをよく飲む。
- ☐ アルコールをよく飲む。
- ☐ 水をあまり飲まない。
- ☐ 果物や緑黄色野菜を食べない。
- ☐ 角質ケアをしていない。
- ☐ 外出時、きちんとメイクをしない。
- ☐ ローションパックをしていない。

【ニキビ・吹き出物】はなぜできる？

ニキビや吹き出物もシミと同様に、その「原因」を突き止めなければ、効果的なお手入れはできません。とにかく、痕を残さないように処理することを、最大の目的にケアしましょう。

やはりニキビや吹き出物も、からだの内側からくる「内因性」のものと、外部からの刺激やお手入れ法などに原因がある「外因性」のタイプがあります。

まず、内因性のものとして考えられるのがストレスや内臓のトラブル、自律神経の乱れ、運動不足や睡眠不足もニキビや吹き出物を生む原因になります。「顔のどこに出るか」によって、その原因を推測することができますので、ぜひ次のコーナーを参考にしてみてください。

外因性のものとしては、顔の洗い過ぎや角質の肥厚などが考えられます。

必要以上に顔を洗い過ぎると、肌がガード機能をなくして吹き出物が出やすくなります。また肌表面に古い角質が溜まっていると、皮膚の自浄作用が不十分になります。ローションパック（付録参照）や肌の奥の筋肉を活性化させるウォーターマッサージ（78ページ参照）を習慣にして、ふだんから表皮の水分と油分のバランスを整えるようにしましょう。

また、「生理前になると、アゴのあたりに吹き出物が出る」「脂っこいものを食べるとブツブツが出る」という方は、「トラブル記録」をつけてみましょう。ご自分の肌の傾向を把握しておくと、効果的なお手入れと予防ができます。

肌は表皮、真皮、皮下組織の3層からなり、新陳代謝のよい肌は、古い細胞が表皮からアカやフケとなって自然に剝がれ落ちます。ところが、代謝が鈍くなって角質層が分厚くなると、毛穴が塞がってしまいます。通常は、毛穴にある皮脂腺から皮脂が分泌され、肌表面を弱酸性にして雑菌の繁殖を防ぎ、また肌を保湿してくれます。しかし毛穴が塞がると、皮脂が皮脂腺に溜まりニキビになります。毛穴が閉じた状態で皮脂が詰まると「白ニキビ」、毛穴が開いて皮脂と古い角質が混ざって汚れが詰まると「黒ニキビ」になります。

1 角質が分厚くなるのを防ぐために、週1回、スクラブ剤を使った洗顔をしましょう。

2 そしてリンパマッサージで解毒をしましょう。まずアゴから耳の付け根まで輪郭に沿って親指で押します。

3 耳の付け根の後ろにあるくぼみをぐっと押して、毒素をリンパ管に流し込みます。

原因別ニキビ・吹き出物に効く食材

ストレスから出るニキビ・吹き出物

額の上部に出るニキビや吹き出物は、ストレスにより、消化機能が十分に働いていないことが原因のひとつと考えられます。気分転換になる趣味をもつなど、ストレスを溜め込まない工夫を。食べ物は牛乳やヨーグルト、小魚など、イライラを抑えるカルシウムが豊富なものがおすすめ。

内臓のトラブルからくるニキビ・吹き出物

胃腸が弱っているときは、口のまわりにニキビや吹き出物が出やすく、頬の中央に出るのは、肝機能のトラブルによるものといわれます。このようなときには、極力消化のよいものを摂りましょう。おすすめは、豆腐やヨーグルト。お酒やたばこはなるべく控えてください。

コレステロール系のニキビ・吹き出物

筋肉を使わずに神経を使う人、すなわち「デスクワーク中心で運動不足」というような方は、過剰なコレステロールによるニキビが出やすいもの。部位はアゴの下あたりで、痕が残りやすいため、早めのケアが大切。きのこ類、海藻類はコレステロールの排泄に最適です。

自律神経の乱れから出るニキビ・吹き出物

自律神経がアンバランスになると、アゴの中心や両サイドにニキビや吹き出物が出やすい状態になります。そんなときには音楽や映画を楽しんだり、おいしいものを食べに出かけてみては。ビタミンB6たっぷりの「まぐろ丼」は、精神を鎮めるのにおすすめのメニューです。

ニキビ・吹き出物のお手入れ法

芯を出して早めの改善

できてしまったニキビは、痕を残さないようにケア。まずアルコール入りの化粧水で炎症を起こしている部分を殺菌消毒し、指先でニキビのまわりの筋肉をつまみます。ニキビの芯を肌表面に出すかリンパに流し込むのです。芯を出したら美白パックで色素沈着を予防しましょう。

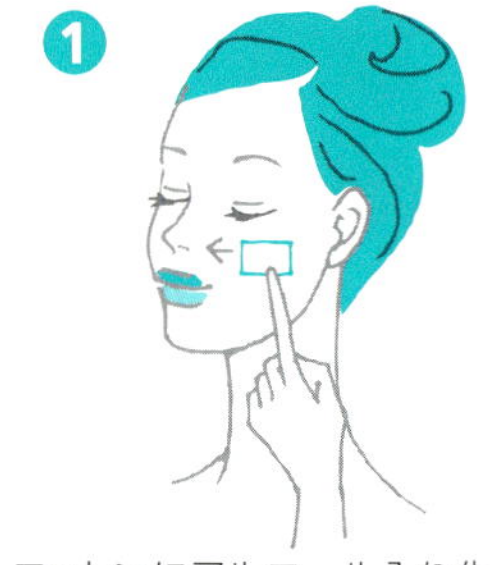

コットンにアルコール入り化粧水を含ませニキビを殺菌しながら揺らします（ツイスト）。

親指と人差し指でニキビ周辺の筋肉を大きくつまみ（ピンチング）、芯を動かします。

芯を出したら色素沈着しないよう、美白美容液をつけておきましょう。

予防には解毒＆薄着肌

リンパマッサージ（付録参照）やスクラブ洗顔（80ページ参照）による角質ケアは、ニキビや吹き出物の予防に効果的です。「そろそろ出そうだな」と思ったら、先手を打って「解毒＆肌の薄着」を。皮脂過多によるニキビには、ローションパック（付録参照）で水分を補給。また、美白の集中ケアもおすすめです。

リンパマッサージがニキビ予防に有効です。両手の親指の腹でアゴの裏側を輪郭に沿ってそれぞれ左右の耳の付け根に向かって押します。

耳の付け根の後ろのくぼみを中指で押し、老廃物を下に押し流します。

手のひらで首をつかみ、
首の両側にあるリンパ管を
伝って老廃物を流します。

鎖骨のくぼみに指を入れて、中心
から外へ向かって押します。

ニキビ・吹き出物肌チェック

該当する項目に ☑ を入れて、日常生活を見直してみましょう。

- ☐ 睡眠不足気味。
- ☐ 精神的ストレスを感じている。
- ☐ 甘いものやスパイシーな食べ物が好き。
- ☐ 脂っこいものが好き。
- ☐ 便秘気味。
- ☐ 手をあまり洗わない。
- ☐ 水をあまり飲まない。
- ☐ 角質ケアをしない。
- ☐ 日に複数回、洗顔料で顔を洗っている。
- ☐ ローションパックをしていない。

【シワ・たるみ】はなぜできる？

ひとくちにシワといっても、大きく分けて「大ジワ」と「小ジワ」があります。

大ジワというのは、目元、口元、また額や眉間などにクッキリとできる深いシワ。

小ジワというのは、その他の部分の細かいシワや、俗に「ちりめんジワ」と呼ばれる、布がクシャクシャと縮んだようなシワです。

そして「筋肉のクセ」から生まれる大ジワは肌の「深いところ」、また「乾燥」が大きな原因となる小ジワは、肌の「浅いところ」が発生源となっているのが大きな違いです。

なかでも大ジワというのは、日々の「表情」によってつくられることが多く、笑ったり怒ったりするときに肌に寄るヒダというのは、それこそ皮膚の深部に「かなづち」で叩いたような衝撃を与えるといいます。

ですから、まずは自分のシワは深部で起きたものか、浅いものなのかを見極めることが大切。それによって適切なお手入れをしていくべきなのです。

また、年齢を重ねると腕や脚の筋肉が落ちるのと同様に、顔の筋肉も衰えてきます。そうすると顔全体が下がってくる。これが「たるみ」です。たるみが始まると、筋肉と連動して皮膚も下がってくるため、ヒダになった部分が自然とシワになるのです。

また、片側ばかりで食べ物を嚙んでいる人は、反対側の筋肉が退化してダランと下がってきます。ですから、たるみのケアには筋肉の強化が必要。簡単な顔の運動をのちほど紹介しますので、参考にしてください。

シワに関連する顔の筋肉

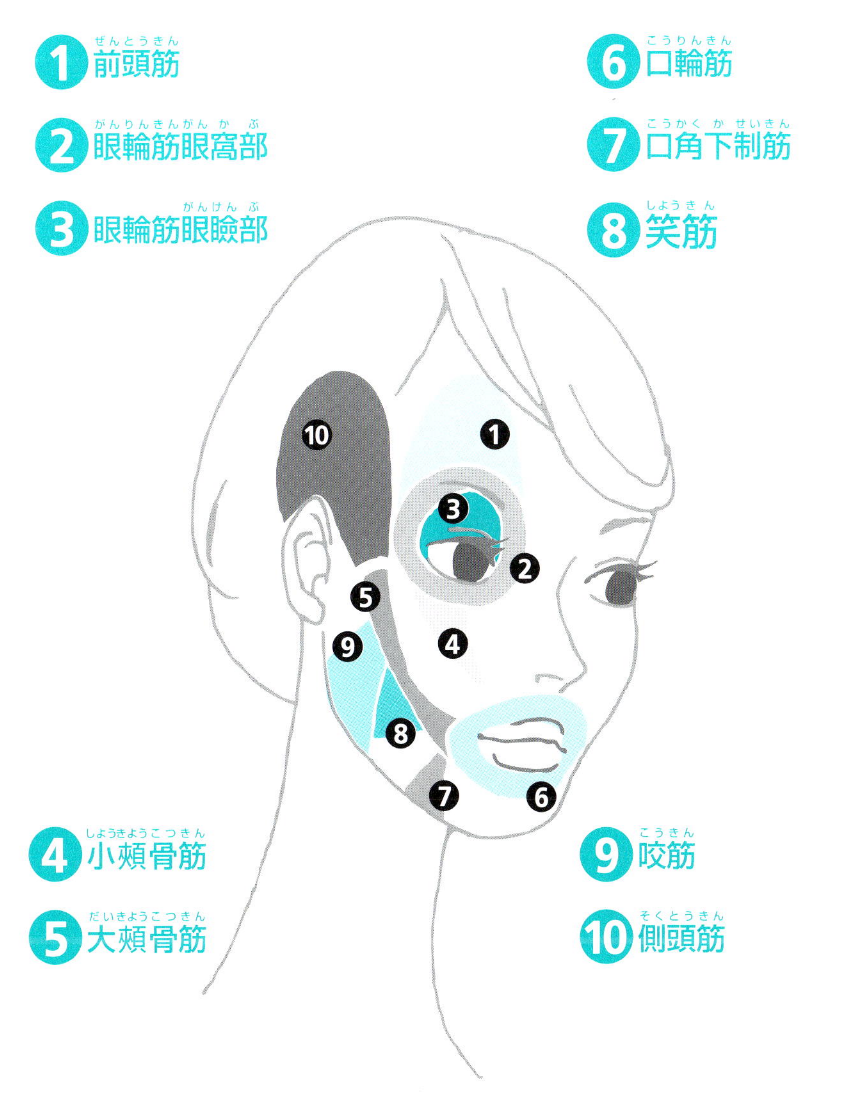

シワ・たるみのお手入れ法

水分不足による「小ジワ」

目のまわりに出る「ちりめんジワ」や「カラスの足跡」など、肌表面に近い部分にできる「浅いシワ」には、ローションパック（付録参照）や美白パックなど表皮ケアを。そのあと、指先でシワを開いてアイクリームを叩き込むようにつけます。そして、片方の手で目尻を固定しながら、反対の手の指先で目尻から目頭に向かって、成分を入れ込みます。

筋肉のクセによる「大ジワ」「たるみ」

「深部のシワ」のケアには、筋肉に働きかけるマッサージが効果的。ウォーターマッサージ（78ページ参照）で眠っている筋肉を揺り動かしましょう。できてしまったシワは、ほぐして伸ばしてあげればいいのです。左右の片側だけに深いシワがある場合は、そちらがたるんでいる証拠。意識してたるんでいる側の歯でものを噛むなど、筋肉を使うように。

究極のシワとり3マッサージ

マッサージは口元や額、眉間など肌の深い部分にできるシワに効果的。3つの動きでできる簡単マッサージを、暇（ひま）なときに何度でもやってみてください。

シワ・たるみの予防方法

「肌トレ」でシワを寄せつけない

肌は放っておくと怠けてしまうもの。いつまでも若々しい状態でいるために、気がついたときにちょっとしたストレッチをしましょう。目元、口元など、シワになりやすい部分を中心に、皮膚をほぐしてリセットしましょう。

ほうれい線はシワが消える方向（縦）につまみます。

上唇の上は「梅干」のようなシワにならないよう横に引っ張ります。

口のまわりの筋肉に沿ってぐるっと1周マッサージ。

最後は口角をキュッと持ち上げます。❶〜❹の運動を3回。

「筋トレ」でたるまない顔づくり

鏡を見て筋肉のたるみをチェック。顔の3つの尻（眉尻、目尻、口尻）、左右どちらが下がっていますか？ 下がっているほうの頬骨の位置とアゴのラインも下がっていますね。また、そちら側のほうれい線は長く、太く、深く、色濃いはず。

鏡に向かって口を思いきり横に開きピエロのように笑ってみましょう。この「ピエロ・スマイル」で顔の左右どちらが下がっているか、チェックします。

〈ピエロ・スマイル〉

大きく口を開いて「ア・エ・イ・オ・ウ」と発声して、口輪筋を鍛えましょう。

〈ア・エ・イ・オ・ウ運動〉

シワ・たるみ肌チェック

該当する項目に✓を入れて、日常生活を見直してみましょう。

- ☐ 冷暖房完備の場所にいることが多い。
- ☐ 精神的ストレスを感じる。
- ☐ 睡眠不足気味。
- ☐ 急激に日焼けをしてしまった。
- ☐ 肉体的に疲れやすい。
- ☐ あまり水を飲まない。
- ☐ 薄着をしている。
- ☐ きちんとスキンケアをしていない。
- ☐ マッサージやパックを重視していない。
- ☐ 保湿系の化粧品を使っていない。

3

「アンチエイジング」という 言葉が嫌い

　最近、「アンチエイジング」（抗加齢）という言葉をよく聞きます。老化を予防するとか、遅らせるなどの意味で使われているようですが、私はこの言葉があまり好きではありません。なぜかというと、そもそも「アンチ」という単語自体が、ネガティブではありませんか。

　私は年齢を重ねること自体、決して後ろめたいことではなく、素晴らしいことだと感じています。ですから、何もそれに対抗する必要などないと思うのです。

　全国各地で行う私のサイン会や講演会などには、それこそ70代や80代の方もいらっしゃいます。そういう方が「肌はまだまだきれいになる」ことを知り、頬紅をつけたり眉毛をしっかりと描くことで、表情が生き生きとし始めるのを、私は何度も見てきています。それはまさに、「今の自分」を楽しんでいる以外の何ものでもないのです。

　若いころは放っておいてもきれいなんです。でも年齢を重ねると、眉の描き方ひとつ、お手入れのしかたひとつで、見違えるような「若さ」を味わうことができる。そう、美容も奥深くなってくるのです。

　だから私は、アンチエイジングではなく、「ビューティフル・エイジング」「ハッピー・エイジング」という気持ちでいたい。みなさんも、「加齢に抵抗する」なんて肩肘張らずに、女性として成熟していくことを、もっともっとエンジョイしてください。

第4章 「佐伯式」極上のスキンケア

「もっときれいになりたい！」
という女性のために、
より進化した「佐伯式」ケアを
お教えしましょう。

もっとプルプルに！「ローションパック進化版」

佐伯式ケアの中でも、「カンタン」「肌がすぐに変わる」「お金がかからない」ということで、根強い支持をいただいているのが化粧水とカット綿を使った「ローションパック」です。

これは水で濡らして軽く絞ったカット綿に、五百円玉大を目安に化粧水をなじませ、5枚に薄く裂いてから3分間、パックのように顔にのせるというお手入れです。

肌表面が鎮静してキメが整うだけでなく、化粧水がじっくりと浸透して、プルプルの「赤ちゃん肌」が生まれます。

ただし、中には「カット綿が上手に裂けない」「すぐにカット綿が乾いてしまう」「水でローションが薄まってしまうのでは？」という声がありました。

そこで、改めてローションパックについてお話しします。

まず、カット綿には繊維の「目」がありますので、その目に沿ってゆっくりと引っ張れば、スムーズに裂くことができます。また、水でローションが薄まる心配はありませんし、水で濡らすことによって化粧水を少量つけるだけで肌はうるおい、プルプルになります。

「コットンがすぐに乾いてしまう」「どうしても5枚に裂けない」という方は、裂く枚数を2枚か3枚にし、横に引っ張って顔全体を覆うようにしても結構です。そうすると1枚が分厚くなり、乾くスピードも遅くなります。　化粧水の量を増やすというのもひとつの手です。

または、とくに水分がほしい目元や口元など、部分的に集中ケアしてみるのもいいでしょう。自分仕様にアレンジする。これぞ「ローションパック進化版」です。

ローションパック進化版

1 カット綿（7×14cm）を水で湿らせ、手のひらで軽く押さえて水気を切ります。

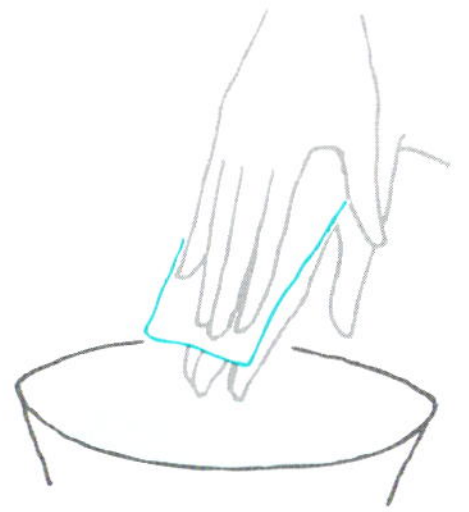

2 アルコールの入っていない化粧水五百円玉大をカット綿全体に散らしてなじませます。

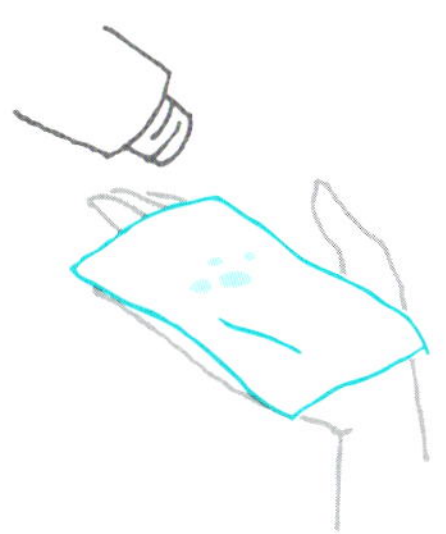

3 カット綿の繊維の目に沿って縦方向に2枚に裂きます。

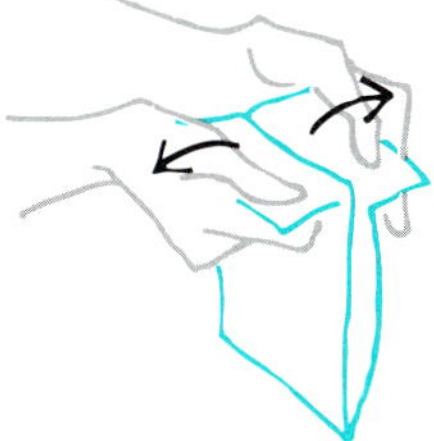

4 進化版なので、カット綿を分厚く使います。顔の上半分と下半分に1枚ずつのせます。とくに乾燥しやすい目元で上下のカット綿が重なるようにすると効果的。パック時間は3分間です。

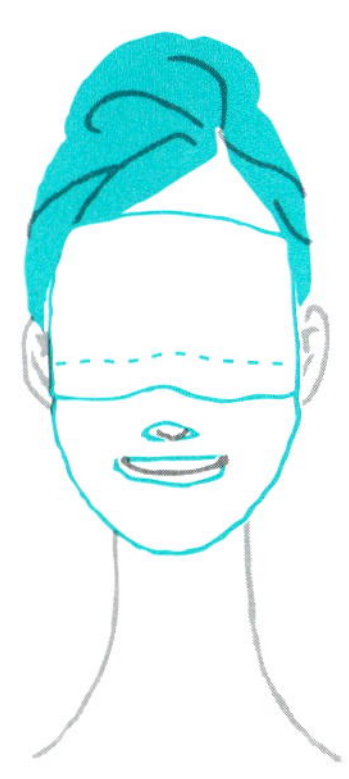

5 鼻と口の部分に穴を開けたラップで上から覆うなら5〜10分間パックしても大丈夫。

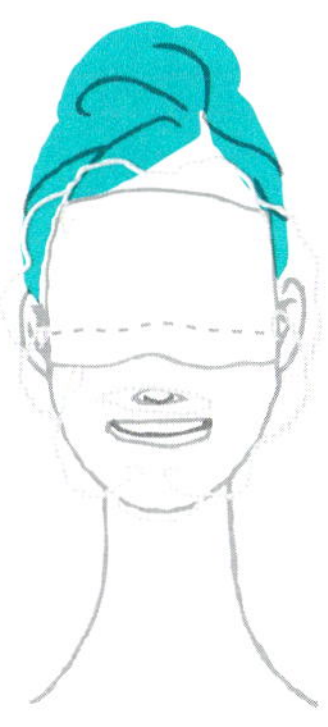

被る（かぶ）るだけで顔がホカホカ！「お手軽スチームパック」

化粧品会社に勤めていたころ、出張の多かった私は、ホテルの室内のひどい乾燥に悩まされていました。お客さまの前にパサパサの肌をさらすことはできません。何とかならないものか。

そこで、思わずバスルームにあったシャワーキャップに穴を開け、お手入れをしたあとの顔に被せてみたのです。すると、どうでしょう。さっきまでカサカサだった肌がしっとり、プルプルの「絹ごし豆腐」肌になったではありませんか。

そんなルーツをもつ「スチームパック」を、今回はご紹介しましょう。

といっても、ステップはわずか3つ。❶ローションパック（付録参照）をしたら、❷シャワーキャップに1〜2ヵ所、穴を開け、❸顔に被せるだけ。2〜3分もすると、自分の体温がシャワーキャップの中にこもり、ローションの水分と相まってホカホカの「スチーム状態」が完成するのです。

ローションパックと違って水分の蒸発が少ないため、5分でも10分でもそのままにしていてOK。肌の奥までうるおいが行きわたり、確実に透明感が出てきます。

先ほどの話の続きですが、出張先から戻った私は、今度は自宅の台所にあるラップで、同様のお手入れをしてみました。これが「ラップパック」の始まりで、これもフィット感が高くてなかなかいいのです。

これまでラップパックをしてくださっていたみなさん、今度ホテルに泊まったときは、ぜひシャワーキャップを持ち帰って、さらに手軽なスチームパックにもトライしてみてください。

スチームパック

バスタブに浸（つ）かりながらスチームパックをする場合、ローションパックなしで、シャワーキャップを被るだけでも効果があります。

1 シャワーキャップに2ヵ所、穴を開けて呼吸できるようにします。

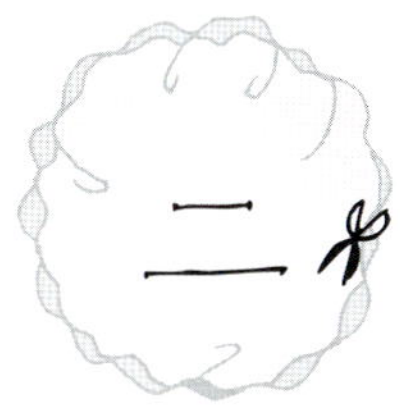

2 それを耳まで包み込むように顔に被ります。

美肌ミトン

不要になったタオルを使ってマッサージ用のミトンをつくります。

1 タオルを2枚に切り、返し縫いで袋をつくります。

2 親指が袋の中できっちり収まるように端から数センチのところに縫い目を入れます。

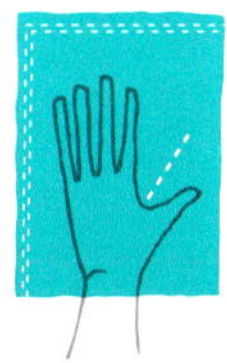

3 入浴中なら、熱めのお湯で絞って、顔をマッサージ。部屋でやるなら、電子レンジで30秒〜1分ほど温めて。顔の凹凸（おうとつ）にあわせて耳までピタッと手が密着します。なお、縫い目が肌にあたらぬよう、ミトンは裏返して使うのがおすすめ。

「ウォーターマッサージ」で即効・肌体力アップ！

　私たち人間は、海から誕生した生き物。お母さんのおなかの中でも、赤ちゃんは「羊水」というホの中にプカプカと浮かんでいますよね。美容でいえば、フランスには水で肌をきれいにする施設などもありますし、日本でも古くから「湯治」というものがあります。

　スキンケアは、何も化粧品を使うことだけではありません。水だけの力で肌を奥から活性化してくれるのが、「ウォーターマッサージ」です。

　このケアで意識してほしいのが、水の圧力で「筋肉」を揺り動かし、刺激するということ。内側から活性化させることで肌にハリが出ますし、水分を含むことで肌表面がふっくらしますから、毛穴も目立たなくなります。それに、何といっても使うのは水だけですから、肌にやさしい。まさに、いいことづくしのお手入れです。

　用意するのは、一〇〇円ショップや大型雑貨店などで売っているスプレー容器と水道水だけ。ただし、筋肉に働きかけるのですから、ある程度の勢いで一点を刺激するタイプの容器を選んでください。

　拙著『美肌革命』の中で、「鶴頸スポイト」に精製水を入れて行うことをおすすめしていましたが、「道具が揃わない」というお問い合わせを多くいただきました。私がスキンケアで重視しているのは、「手軽で、毎日続けられること」。ですから、それらが揃わない場合は、普通のスプレー容器に水道水を入れるという「シンプルバージョン」でもいっこうに構いません。

肌の深部を活性化する
ウォーターマッサージ

筋肉の流れに沿って顔に水を注ぎます。肌の奥からパワーが甦り、肌のキメが整い、メイクのノリもよくなります。肌表面が水分を含むので、透明感が出てハリや弾力性も戻ります。水分と油分のバランスがとれるので、脂浮きが気になる方にもおすすめ。

1 鶴頸スポイトは、一度押せば水が出続けるので使いやすいでしょう。

2 霧吹き状のスプレーはノズルを調整して、水が1本で肌にあたるようにします。

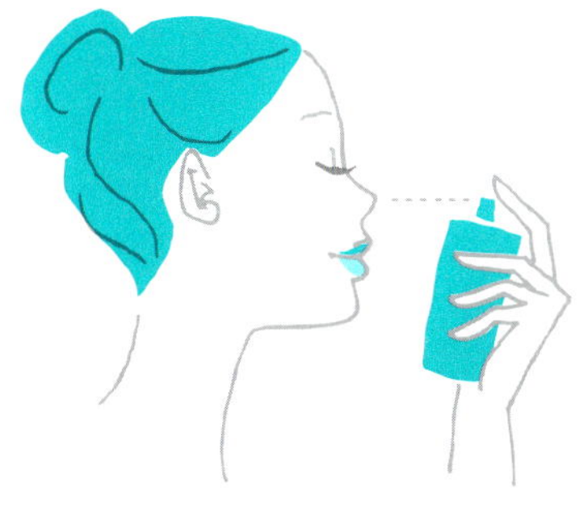

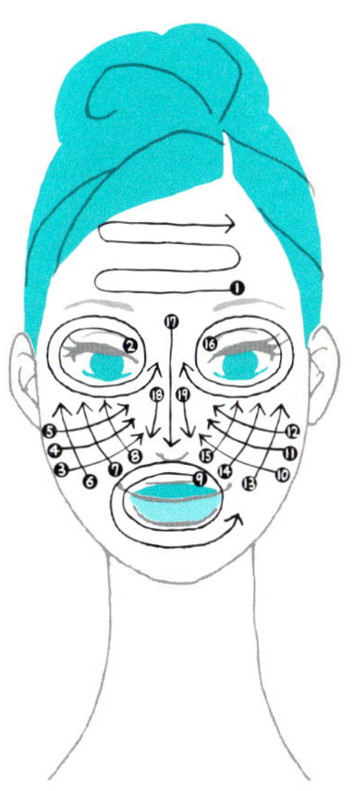

3 基本の流れは外から内へ、下から上へ、と覚えましょう。順番は額→右目→右頬→口のまわり→左頬→左目→鼻筋。これを容器1本分の水がなくなるまで繰り返します。

スキンケア編 「スクラブ剤 ＋ 洗顔料」

かつて、あるメーカーでOLをしていたことがあるのですが、お仕着せの制服が大嫌いでした。子供のころからスカートの下にペチコートをつけたり、校舎内ではく上履きにヒールをつけてみたり。とにかく私は、昔から自分流に「アレンジ」をすることが好きなのです。

化粧品についても同じで、「今あるものを、いかに使いやすくするか」と考えた末に生まれたのが、「混ぜのテクニック」でした。

そのひとつがスクラブ洗顔のしかたです。

スクラブ剤を使い、肌表面から剝がれ落ちない古い角質を取り除くというケアは、新陳代謝が鈍ってくる大人の女性にこそ必要。なのに、老化が気になる年齢になると、「あのツブツブが肌を傷つけそう……」といって、スクラブ洗顔を敬遠しがちなのです。

そこで、手のひらでスクラブ剤と洗顔料、そして少々のぬるま湯を混ぜて使ってみたのです。すると、実になめらかで肌あたりのいい「新生スクラブ剤」が完成したのです。私も肌が強いほうではないので、週1回か2週間に1回、このソフト・スクラブで角質ケアをしています。

「どうもこの感触が好きになれない」「自分に合う化粧品が見つからない」と、ボヤくその前に、ちょっとだけ知恵を働かせてみてください。

自分にぴったりの化粧品がなければ、自分でアレンジすればいいだけ。スキンケアというのは、それくらい肩の力を抜いて楽しみながらやるのが正しい、と私は思っています。

スクラブ剤で角質ケア

スクラブ剤はツブの大小の違いやゼリータイプ、パウダリータイプのものまで揃っています。肌感触のよいものを選びましょう。肌タイプにもよりますが、春夏なら週2回、秋冬なら週1回程度ケアするのが目安です。角質を取ると、肌が一段、明るくなります。

スクラブ剤と洗顔料を混ぜる比率は1対1が基本です。
ゴシゴシと擦らず、泡立ちのよい洗顔料とよく混ぜ合わせて、
肌の上で転がすようにケアします。

「SPF＋下地クリーム＋リキッド・ファンデーション」

「日焼けはしたくないけど、SPF入りクリームは苦手」という女性は、案外多いです。その理由の大半は、「ベタベタする」「肌トラブルを起こしたことがある」というもの。実際にSPFの数値が高いものは重たい感じがしますし、肌トラブルも起きやすいものです。もっとも私の場合は、SPF15程度のものしか使いませんが、それでも肌への刺激を少なくするために、こんな方法を実践しています。

お手持ちのSPFクリームと下地クリームまたは乳液、そしてリキッド・ファンデーションをすべて手のひらにとって、混ぜてしまう。たったこれだけ。化粧水や美容液で肌を整えたあとにこれを塗るだけで、紫外線対策から保湿、そしてベースメイクまで一度にすみます。

これを実際にやると、みなさん目を丸くして「違う化粧品を混ぜていいんですか?」とおっしゃいますが、どうせ顔の上で混ざるものですから、問題ありません。それぞれを急いで重ねづけし、顔の上でグシャグシャになるよりも、きれいに仕上がって、肌にもやさしいのです。

最後に「混ぜのテクニック」番外編として、リキッド・ファンデーションの混ぜのテクニックをお伝えします。30代以上の方には私は基本的にリキッド・ファンデーションをおすすめしていますが、その場合、ピンク系とオークル系の2本を用意。血色の悪い日にはピンク系、暑くて顔が火照るようならオークル系を多めという具合に、気候や肌状態に応じてその都度、手の上で混ぜてつけるのです。これも一度体験すると、必ずやみつきになりますよ。

3種混ぜのテクニック

私は一年中、紫外線対策を欠かしませんので、この3種類を混ぜ合わせたものをその日1日、塗り直しに必要な分量だけ、小さな容器に入れて持ち歩いています。SPF1で約15〜20分、肌を紫外線から守るといわれていますので、屋外にいる時間を考えて用意します。

それぞれパール大を1対1対1で混ぜます。
本来1種類ずつつけていくべきものを、
一度に3種類をまとめてつけるわけですから、
多少、化粧くずれする恐れがあります。
しっかりと肌になじませて、
入れ込むようにつけましょう。

正しい「肌断食」でメリハリケア

知り合いの女性が、ニコニコしながら私に近づいてきていいました、「先生、毎日やってますよ、肌断食」って。よくよく聞いてみると、彼女の肌断食は単に何もつけていないだけなのでした。「ズボラケア」と「断食」とは、まったく違うものです。

最近、「肌断食」という言葉がひとり歩きして、「何もしないことが肌にいい」と勝手な解釈をされたり、「断食後の回復食は何がいいですか？」という質問をされたり、いろいろです。

こうなると、どうも私が唱えているものと意味合いが違ってきているような気がします。そこで改めて、佐伯式の肌断食をおさらいしたいと思います。

まず、その目的は「肌の声を聞く」ということです。

スキンケアやメイクなどで、女性の肌は休む暇がありません。とくに仕事をもっている方は、スッピンでいるのは寝ている間と休日ぐらいではないでしょうか。

ですから、たまには化粧水や美容液、クリームといった「肌の食事」を抜いて、肌本来の姿を取り戻してほしいのです。朝起きて洗顔をしたら、あとは何もつけずに肌を休ませてあげる。

そして、「カサつきはないか」「水分と油分のバランスはどうか」など、鏡に向かって素の肌状態をチェックするのです。また、断食をすることで本来の働きを取り戻した肌は、きちんと自発的に「ナチュラルクリーム」を出しますから、回復食を与える必要などありません。

なお、肌断食は週末の1日だけでも結構ですが、2日連続や1週間という単位で行ってもOKです。また、季節の変わり目に1日だけ「リセットケア」として取り入れるのも効果的です。

2日連続の肌断食の場合

月	火	水	木	金	土	日
通常のお手入れ					肌断食	

肌断食の時間割

金曜日（夜）	通常のクレンジングとスキンケアをする。
土曜日（朝）	起床して顔を素洗いする。 洗顔3時間後、肌チェック。 →（うるおいは？ 皮脂は？）
（夜）	顔を素洗いして就寝。
日曜日（朝）	起床して顔を素洗いする。 洗顔3時間後、肌チェック。 →（水分と油分のバランスは?）
（夜）	顔を素洗いして就寝。
月曜日（朝）	通常のスキンケアとメイクに戻る。

からだのリズムとお手入れのルール

みなさん、「肌のターンオーバー」という言葉を聞いたことがあるでしょうか。

これは、表皮の細胞が生まれてから剥がれ落ちるまでのサイクルで、通常28日といわれています。また28日は、いわゆる生理周期の目安でもあります。このサイクルを頭に入れているのと、ただ漫然とお手入れをしているのでは、肌の反応がまったく違ってくるということを、これからお話ししたいと思います。

たとえば今日が、生理初日からカウントして21日目だとします。この時期は、おそらく排卵が終わって、からだの中ではいろいろなものを「蓄える」期間に入っているはずです。そういうときに、たとえばダイエットをしたり、スペシャルなケアをしても、からだは溜め込むことに専念していますから、なかなか結果が出ません。また、気分がイライラしたり、吹き出物が出やすくなるのも、生理前の「溜め込む」時期です。

一方、からだの中から不要となったものを排出した生理のあとというのは、気分はスッキリ、肌もツルンとしているはず。また、新陳代謝も活発になっているので体重も減りやすく、いつものエステティックサロンに行っても、より美肌効果を実感することができるはずです。

このように、女性の肌というのは、からだのリズムと密接に結びついているのです。そして、一定のリズムがあるということは、「予防」することも可能なわけです。

仮に「生理日が近づくと口のまわりにブツブツができる」というのであれば、あらかじめ角質ケアをしておくとか、マッサージをして肌を柔らかくするなど、必ず「打つ手」があるのです。

女性の周期とホルモンの関係

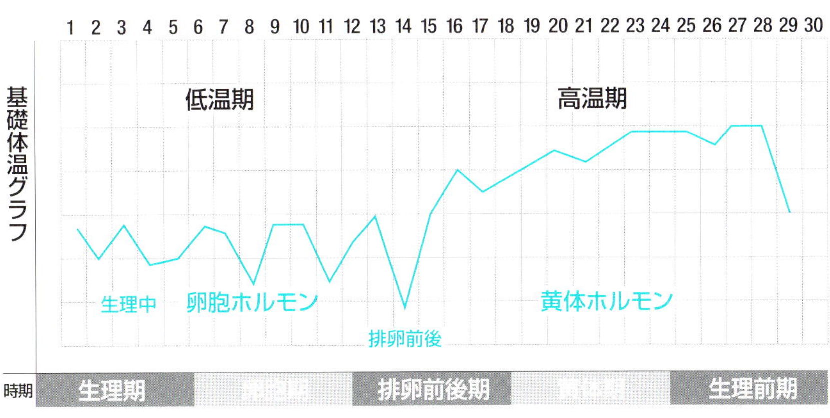

そういうことを、すべての女性に知っていただきたいから、私は昔からの夢だった『美肌手帖』（講談社刊）という書き込み式の文庫本を、先日出版させていただきました。これには、生理周期はもちろんのこと、体温や体重、その日に食べた物などが自由に書き込めるようになっており、「3ヵ月で自分の肌を育てあげていく」のがテーマになっています。

「化粧水は何を使ったらいいですか？」「スクラブ洗顔は週に何回すればいいですか？」私は常に女性からいろいろな質問を受けますが、その答えはあくまでも目安。本当はみなさんご自身が、からだのリズムと肌の状態をしっかりと理解して、自分がもっともきれいになれる方法を編み出していくのが一番なのです。

これまで何となくスキンケアをしていたという方はぜひ、意識しながらお手入れすることにトライしてみてください。毎日がきっと楽しくなりますよ。

④

流行遅れの色は
混ぜて甦（よみがえ）らせる

　デパートの化粧品売り場に行くと、「この秋の目元は大人のボルドーで」などという謳（うた）い文句とともに、季節ごとにさまざまな色の新製品が並びます。洋服に流行色があるように、化粧品にも必ず「今シーズンのカラー」というのがあって、きれいなモデルさんがその色を使ったメイクをしていると、それはそれは魅力的に見えてくるものです。

　でも、個性的な色は長くは使えないのが現実。流行色ほど「時代遅れ」になるのも早いですから。そんなときに、あなたはせっかく買った口紅やアイシャドウをどうしますか。「またいつか使うだろう」と大事にしまっておいたところで、おそらく二度と日の目を見ることはありませんし、かといって捨ててしまうのも惜（お）しい……。

　私だったら、新しい色をつくってしまいます。

　どういうことかというと、たとえば口紅なら2色、3色を混ぜれば違った色みになりますし、メイクアップ・アーティストの方などは、よく複数のアイシャドウを砕（くだ）いて調合するといいます。単色なら流行遅れの色でも、いくつかを混ぜたら、ほしかったカラーになることだってあるのです。

　それは、口紅やアイシャドウだけでなく、マニキュアでも同じ。少なくなったもの同士をミックスすれば、第二の楽しみ方ができるというもの。とにかく私は、混ぜて新しい化粧品をつくるのが得意。これは、何の技術もいらないアイデアの世界ですから、みなさんも捨てる前に一度、「混ぜて」みてはいかがでしょうか。

初公開！ 佐伯式「超」スペシャル裏ワザ

40年にわたる美容経験から編み出した
驚きのお手入れ法を披露します。
「佐伯式」の基本ケアを身につけたら、
さあ、この扉を開けてください！

←ていねいに切り開いてご覧ください。

「かたゆで卵」の肌をクリームでつくる！

これまで私は、スキンケアの基本の流れとして、❶クレンジングや洗顔のあと、❷化粧水で肌を整え、❸美容液で栄養を与えたあとに、❹クリームまたは乳液で栄養分にフタをする、とお伝えしてきました。ところが今回、初めてみなさんに発表するこの「クリームマッサージパック」は、洗顔のあとに、いきなり栄養クリームを塗り、1〜2分おいてその上からローションパックをし、さらにその上にシャワーキャップを被るという、いってみれば、これまでの「佐伯式」ケアの常識を覆す、「変則ワザ」です。

しかし、これにもきちんとした意味があるのです。早速、ご説明しましょう。

水分も栄養分も不足している「スカスカ肌」には、「ほしいものを一番先に入れてあげる」のが鉄則。つまり、何もつけない肌にさくらんぼ大のクリームをたっぷりと塗り、ローションパックという「水のフタ」をすることで、クリームの成分を肌のすみずみまで染み渡らせるのです。すると、空腹だった肌はみるみる元気を取り戻し、プルプルの「半熟卵肌」、いや、さらにハリと弾力のある、プルンプルンの「かたゆで卵肌」が完成するのです。

「使いきれずに残っている栄養クリームがいっぱいある」という方、多いと思います。日々のローションパックできちんと「土台」をつくっておいて、スポット的にこのケアを取り入れると効果的です。繰り返しますが、あくまでも「土台」あってこその効果です。

クリームマッサージパック

乾いたスポンジが水を吸い上げると表面が膨<ruby>膨<rt>ふく</rt></ruby>らみ、プルンプルンになります。同じ現象が肌で起こるので、深いシワにも効果があります。なお、このお手入れに限りクリームと化粧水は、同ブランドで揃えたほうがなじみやすいのでおすすめです。

1 たっぷりめのクリームを手に取り温めてから、洗顔後の顔全体に直接塗ります。しっかりと手のひらで顔を包み込んで体温を伝え、クリームの栄養を肌の中に入れ込んでいきます。

2 その上からすぐにローションパック進化版（74ページ参照）で「水のフタ」をします。

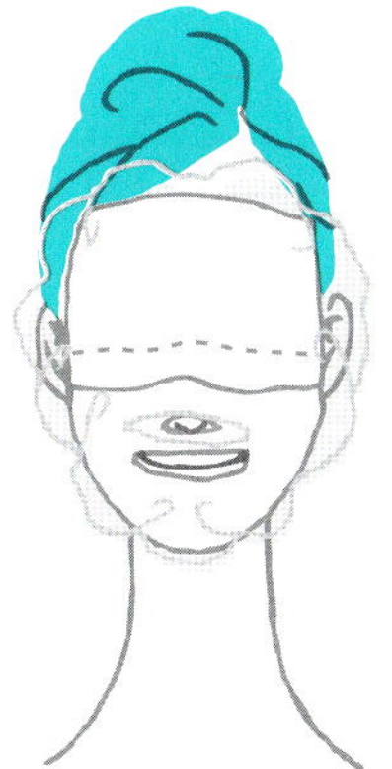

3 ラップもしくはシャワーキャップで覆って10分間、おきます。

下地クリームで光を放つ肌に！

基本的に、スキンケアというのは地味なもの。毎日の積み重ねこそが美肌を育んでいくものです。でも、例外的に「どうしても明日、肌を白く見せたい！」ということ、ありますよね。

そんなSOS的なケアのひとつとしてお伝えしたいのが、この「緊急美白パック」です。

その方法は、ローションパックをしたあとに、SPF30〜50程度の比較的数値が高いSPF下地クリームをたっぷりと塗ります。その上から、1〜2ヵ所、穴を開けたシャワーキャップを被せて好きなだけおきます。すると、顔色がワントーン明るくなっているのに気づきます。

タネ明かしをしますと、SPFクリームには紫外線を肌に寄せつけないための「拡散剤」という製剤が入っています。それが肌にフィットすれば、光が顔の上でパーンと反射して、顔全体が明るく見えるということなのです。いってみれば、女優さんのグラビア撮影などでカメラマンが使う「レフ板」のようなもの。光を反射させることで、シミやシワなどの欠点も目立たせず、肌が均一にきれいに見えるという、目の錯覚を利用した一種の「トリック」です。

よって、もうおわかりのように、これは一時的に使う「裏ワザ」。ふだんのお手入れという土台があってこその緊急ケアなのです。

夏に使った数値の高いSPF入りクリームが使いきれなくて余ってしまった。来年の夏に使おうとすると、やはり酸化してしまいますから、お肌のためにはよくありません。そんなときこそ、この美白パックを。惜しみなく使って、光輝く肌を楽しんでみてはいかがですか。

SPF美白パック

美白のお手入れは肌表面に働きかけるものですから、このSPF下地クリームを使った緊急美白パックをすることで、肌の浅い部分にできたシワも目立たなくなります。

1 通常のローションパックで肌表面を整えます。

2 SPF下地クリームを顔全体にたっぷりめにつけて伸ばします。光を吸収する「吸収剤」の入っていないものがおすすめ。

3 その上からラップもしくはシャワーキャップで好きな時間だけおきます。そのあとは濡らしたコットンで拭き取るか、洗い流しましょう。そして美白系の美容液をつけて眠ります。また、朝、このパックで肌の土台をつくると、メイクがいっそう映えます。

下腹も脚も引き締まる呼吸法

私は毎日、自宅から東京・代々木のビューティータワーまで電車通勤をしています。その途中で必ずやることがあるのです。それは、乗り換え駅でのちょっとしたエクササイズ。といっても、まわりから見れば、ただの階段の上り下りにしか思えないのですが。

まず階段を上るときには、上り始めるときと踊り場で、鼻から大きく息を吸い込みます。そして、一段上るごとに「フッ・フッ」と少しずつ口から息を吐き出すのです。そのときに、腹筋に力を入れることでおなかが引き締まり、そして階段をつま先で上るようにすると、足首やふくらはぎが締まってきます。

下りるときも、呼吸は同様。今度はかかとから着地して、足全体が地面につくように意識すると、さらにふくらはぎが鍛えられます。

肌にとっては皮膚呼吸が大切ですが、からだ全体にも「呼吸」はとても大切です。ちなみに私のサロンでも、美肌効果を高めるために、施術前に必ずお客さまに「美肌ブレス」を2〜3回していただくことにしています。

鼻から大きく息を吸って、数回に分けて口から吐く。この呼吸法を2〜3回やっていただいてから、お手入れに入ります。これならみなさんもご自宅でできますよね。

そうそう、吸うときには「いいものよ、どんどん入ってきてね!」、吐くときには「悪いものよ、どんどん出ていけ!」と意識すると、さらに美容&健康効果は高まります。

美肌ブレス

「いいものよ、入ってきて!」と祈りながら、鼻から大きく息を吸い込みます。そして、「悪いものよ、出ていけ!」と念じながら、「フッ・フッ・フー」と数回に分けて口から息を吐き出します。私自身もお手入れを始める前にこの呼吸法でリフレッシュしています。

1 大きく鼻から息を吸い込みます。

2 口から数回に分けて息を吐き出します。

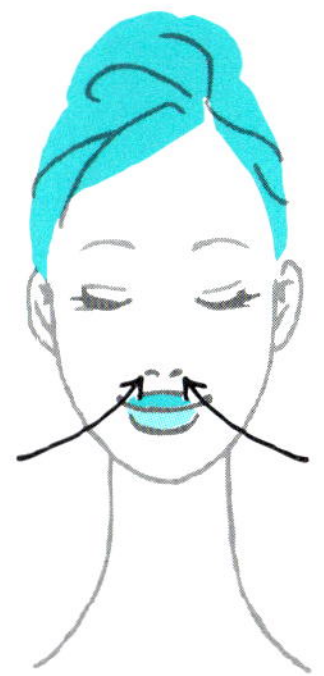

3 階段を上り始めるときと踊り場で鼻から息を吸います。階段をつま先で上りながら口から息を吐き出します。そのときふくらはぎと下腹部に意識して力を入れます。

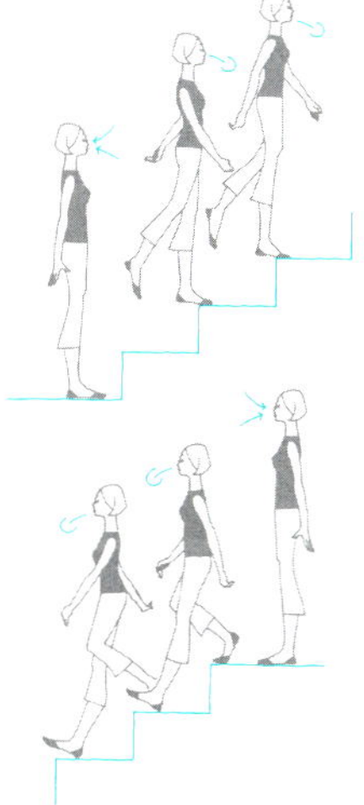

4 階段を下り始めるときと踊り場で鼻から息を吸い込みます。口から息を吐き出しながら、かかとから下り、足の裏全体で着地。ヒールの高い靴を履いているときは危険ですからやめましょう。

第5章 「佐伯式」きれいの総仕上げ

ボディケア、香り、
お手入れのリズム……。
「きれい」について、
そろそろトータルに
考えましょう。

ボディを磨いてこそ、パーフェクト美人

「耳までが顔」「デコルテまでが顔」と私はよくお話しさせていただいています。顔にはお金を

かけてきれいになりたいと躍起になられる方は多いのですが、ことボディに関しては無頓着

な方が多いように感じます。コーヒーカップをもつ手がカサカサ。サンダルからのぞくかかと

がヒビ割れ……。そんな女性を見ると、がっかりしませんか。

「人の振り見て、わが振り直せ」ではありませんが、私は自分のためにも、そしてまわりの人

に対するエチケットとしても、美はトータルでとらえたいと思っています。

たとえば、年齢を感じさせる首はハリ・弾力アップの成分が入ったネッククリームを使って

毎日、リンパマッサージをしています。耳たぶも暇をみつけては引っ張ったり、耳の中はつぼ

がたくさんありますから押して顔の血色をよくしています。お風呂に入るときは、週に1回程

度、ボディもスクラブ剤で洗い、かかとは軽石で角質を取る。お風呂上がりにはボディクリー

ムをたっぷりと塗り、とくにかかとはクリームを塗った上からラップを巻いて保湿します。

指先や肘、かかとなどの末端部分は、なかなか自分では目が行き届かないのに、人さまには

もっともよく見られている場所。私は職業柄、爪を伸ばしてきれいな色のマニキュアで彩ると

いうことがなかなかできませんが、まめに手をこすり合わせて、自分の自然のクリームで保湿

したり、爪には透明のトップコートを塗って「ツヤ」などのおしゃれはしています。

ボディをきちんとお手入れしていると、半袖シャツを着ても肘を隠す必要がない。「手を見せ

て」といわれてもすぐに出せる。こういう自信も、すべて表情につながっていくものです。

ボディのお手入れ

ついついケアがおろそかになってしまう末端こそ、人からは見られているもの。ボディスクラブやボディシャンプーで週に1回、角質ケアをしたり、カサつくところはクリームやボディ乳液で保湿します。

❶〜❸

忘れがちな耳のケア。とくに男性やショートカットで耳を外気にさらしている人は耳が硬くなりがち。顔のケアのあと、手に残ったクリームを耳につけて、引っ張ったりもんだりしましょう。

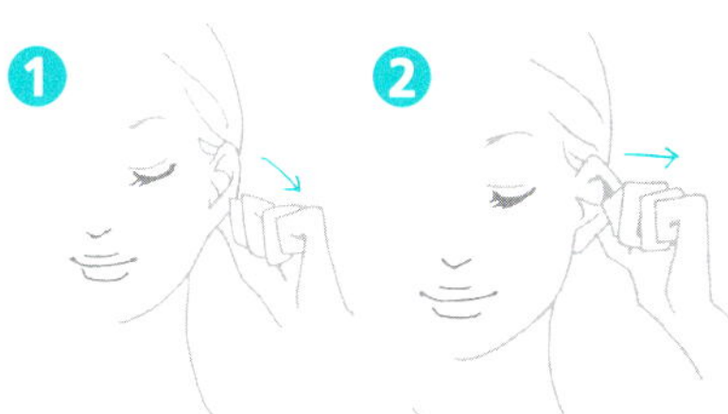

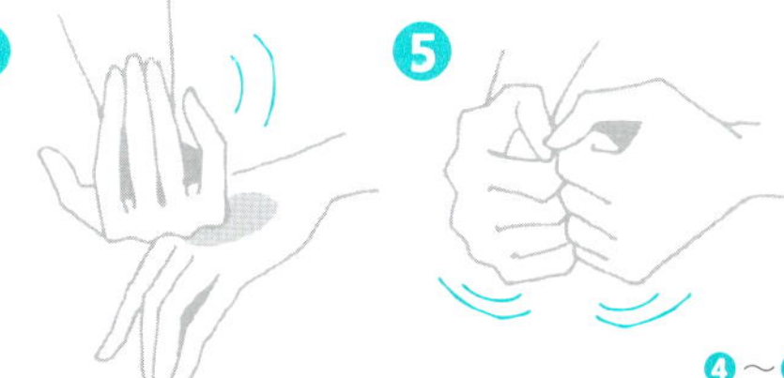

❹〜❻

寝る前はハンドクリームをつけます。手のひらにつけるとベタつくので、手の甲につけてこすり合わせます。そして関節同士をこすり合わせ、爪の甘皮のところを最後にこすり合わせます。

❼〜❽

肘のケアはお風呂上がりに手の甲から肘までたっぷりとボディ乳液かクリームを塗り込んで、上からラップで覆います。硬く黒ずんだ肘もスチーム効果で柔らかくなります。美白のパック剤を使えば、シミのケアにもなります。

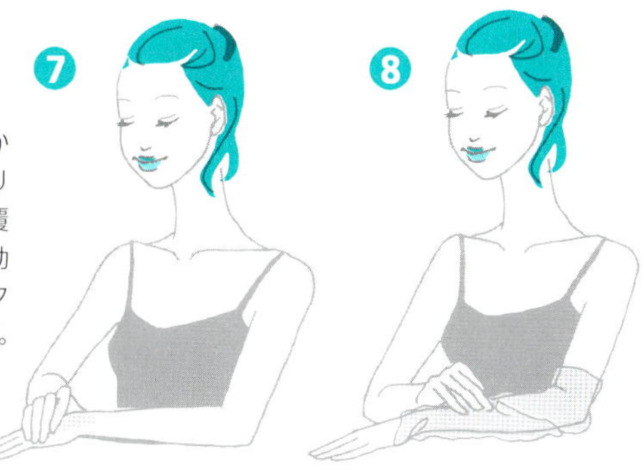

美肌によく効く佐伯式「温冷入浴」

入浴中が一日の中でもっともリラックスできる時間。自分が「心地いい」と思える場所にしたいものです。だから私はときどきリッチなボディシャンプーを使ったり、デパートで可愛いタオルを見つけたら買っておいたり。バスタイムを楽しむようにしています。

温かくて、水があり、身も心も解き放たれる空間。これだけの条件が揃うのは、日常生活でもお風呂以外にありませんし、そこは、美を磨くのに最高の場といえます。

たとえば、バスタブに浸かりながらリンパマッサージをして、体内に溜まった毒素を流してあげたり、顔を手のひらでやさしく押して血行を促すだけでも、「プッシング」という立派なハンドマッサージになります。

また、お風呂に入ると気持ちがよくなって、つい鼻歌を歌ったり、口笛を吹きたくなりますよね。これも、実は美と健康にいいらしいのです。まず、口のまわりの筋肉が鍛えられますから、口元のたるみが防止できる。さらに、歌を歌ったり口笛を吹くと気分も明るくなるし、自然に腹式呼吸をすることになります。

そして私は「お風呂の入り方」自体にも、ちょっとした工夫をしています。名づけて佐伯式「温冷入浴」。

まず、お湯でからだをざっと流したら、バスタブに2〜3分間浸かる。そのあと、からだを軽く洗って、もう一度お湯に。再び湯船から上がったら、今度はスクラブで肘やかかとのお手入れをしたり、濡らしたタオルでゆっくりとからだをこすって「あかすり」をするなど、ボデ

佐伯式「温冷入浴」

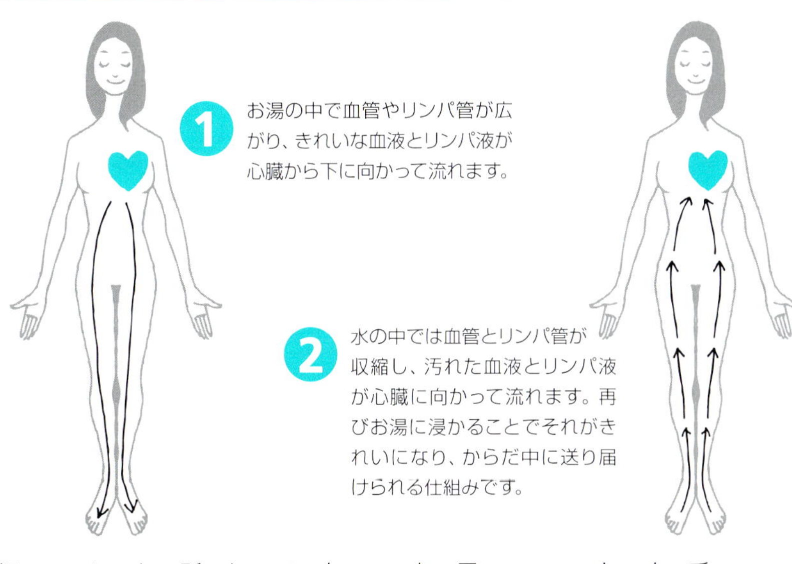

イのお手入れを。

ここまでで注意していただきたいのが、「顔や髪の毛を濡らさないこと」。最初に首から上を濡らすと、すぐにのぼせてしまうので、「顔を洗うのは一番最後」と覚えてください。

さて、いよいよ「温冷タイム」。からだをきちんと洗ったあと、お湯に1〜2分間浸かったら、今度は水風呂に1〜2分。そしてまたお湯、という具合に「温」と「冷」を交互にする入浴を2〜3回繰り返します。

その間、体内で何が起きているか。お湯の中では血管やリンパ管がワーッと広がり、今度は水の刺激でキュッとしまる。いわゆる「ポンプ運動」です。これで毒素は流れ出るし血行もよくなる。最後に顔や髪の毛を洗って、足に水をかければ終了。この方法なら湯疲れしないし、肌もツルツルに。水風呂が難しければ、シャワーで代用しても結構です。

ただし、心臓の弱い方などは、必ずお医者さまと相談なさってください。

「自分の香り」をもちましょう

かのクレオパトラは、バラの花を敷き詰めた部屋で寝ていたという、有名な話があります。

これは単にゴージャスな気分を演出したわけではなく、バラという「心を鎮静する香り」に包まれることで、短時間でも安眠できたからだといわれています。

反対に、仮に自分が「この匂いは嫌だわ」と思う香水をつけたとします。すると、1時間もしないうちに必ず疲れてくるはず。洋服や髪型は、もちろん「その人らしさ」を表現するものですが、「香り」は、もっと人間の奥深くを刺激する、超個人的なものだと思うのです。

その証拠に、「お母さんがよく白い色の花を飾っていた」という子供のころの記憶がある人はユリの香りが好きだったり、家族が好んで食べていたフルーツの香りなども、知らず知らずのうちに頭の中にインプットされているものです。

ですから、人には必ず相性のいい香りというものがあるはずなのです。だからこそ私は今、日本中の女性にこういいたい、「そろそろ、自分の香りをもちなさい」と。

かつてフランスの化粧品メーカー、ゲランに在籍していたときのこと。このブランドは、香水メーカーとしてスタートしていますから、私は必死になって香りの勉強をしたものです。

たとえば、白い花はなぜ香りが高いのかというと、花の受精をサポートするミツバチは、どうしても色鮮やかな花のほうへ行ってしまう。そこで、自分たちのほうにハチを引き寄せるために、より香りを高くしたという話もあります。

香水の世界は、本当に奥が深くて興味深いもの。自分に合う香りがわからないという人のた

香りの常識

★胸元、手首の脈を打つ部分、肘や膝の
　内側などにつけるのが基本です。

★香りの特性としては、

　❶下から上へ立ち上る

　❷体温の高いところで香る

　❸動くと香りが広がる

　などがあげられます。

★香りは持続性の高いものから

●香水（5〜10時間）

●オードトワレ（3〜4時間）

●オーデコロン（1〜2時間）

に区別されています。

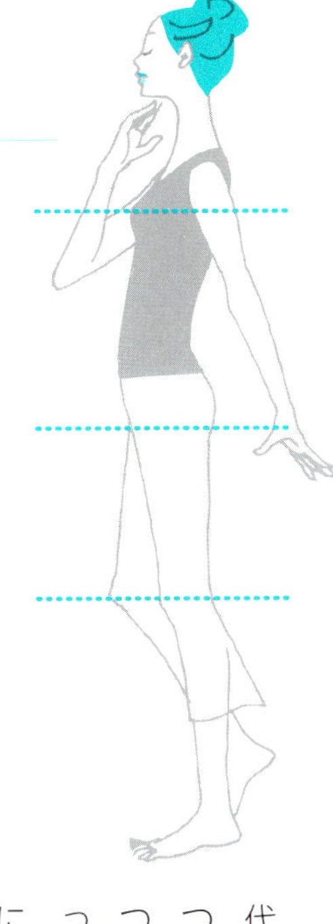

めに、私から少し提案させていただきましょう。

たとえば10代のころは爽やかな「シトラス」系、20代は、すずらんやバラなど、ひとつの花の香りをもつ「シングルフローラル」、そして30代になると、いくつかの花の香りがミックスされて、少し甘みの加わった「ブーケ」などはいかがでしょう。より女らしさに磨きがかかる40代、50代は、動物性の「ムスク」もおすすめです。

ただし、香りというのはつけ方を間違うと「公害」です。まわりへの気遣いも必要。私がよくやるのが、頭の上で空中に向かってシュッと香水を吹きかけ、「香水の霧」をくぐる方法です。こうすると、細かい粒子がまんべんなくからだにかかって、自然な香りを纏うことができます。

どんなにおしゃれをしても、そこに何の香りもないのはどこか寂しいもの。自分らしさを演出し、また自らの気持ちを高めるためにも、ぜひ香りを美の味方につけてみてください。

季節ごとのお手入れを！「春・夏」編

このタイトルを見て、「毎日のお手入れでも大変なのに、季節ごとに替えなくちゃいけないの？」なんて、おっしゃらないでください。そもそも、毎日のお手入れだって、決して同じでいいというわけではありません。

たとえば、ふだんの食事を考えてみてください。「今日は疲れたから甘いものが食べたい」「寒いからからだが温まるお鍋にしようか」など、みなさん、気候や体調によって、いただくものを替えているでしょう。

お手入れだって同じなのです。寒空の下を歩くという日には、しっかりと「乾燥対策」をして出かけるべきだし、炎天下でスポーツをした日は、帰宅してから冷たいタオルで肌をクールダウンさせたり美白ケアをする。肌がスカスカだと感じたら、美容液で栄養を入れ込んであげる。こういう臨機応変なケアこそが、肌と上手につきあっていくうえで肝心なのです。

では、春・夏のケアは何に気をつければいいのでしょうか。

まず春は、空気中に多く舞う花粉やホコリに要注意です。とくに花粉症の人は、花粉が顔についただけでもかゆくなったり赤くなったりしますよね。ついた花粉やホコリは、なるべく早く肌から除去すること。そのときに、ティッシュでゴシゴシと擦ったり、いきなりクレンジングを始めてはいけません。まずはぬるま湯で異物を洗い流してから始めましょう。

さらに、化粧品を冬用のリッチなものから、春仕様の「やや軽めのもの」に切り替えるのもいいでしょう。たとえば、保湿効果の高いコクのあるクリームから、肌なじみのいい乳液に替えてみたり、洗顔料もフォーム状からゼリー状にして「サッパリ感」を味わうのもおすすめ。

ただし、春先にまだ肌がパサついているようなら、冬用の化粧品を使い続けても構いません。

次にやってくる過酷な夏に向けて、春は「予防」のケアに徹してください。

そして夏のお手入れ。この季節は、何といっても紫外線対策に尽きます。紫外線は肌老化を加速させる大きな要因ですから、徹底してケアしましょう。

まず、下準備として肌を乾燥させないこと。魚の干物がすぐに焼けるように、乾燥した肌は日焼けしやすいのです。ですから、夏こそローションパックや保湿美容液で、肌を生魚状態にして、乾燥対策を欠かさずに。夏こそ「保湿」を心がけてください。

そして、外出をするときにはSPF入りのクリームを必ず塗り、日中、こまめに塗り直すようにしてください。「混ぜのテクニック」（82ページ参照）でご紹介した、SPFと下地クリームとリキッド・ファンデーションを混ぜたものを、その日1日、使う分量だけ小さな容器に入れてバッグにしのばせてお出かけすれば、日中、ちょこちょこっと塗り直しができますね。

できれば日傘や帽子も用意。そして、汗をたくさんかく夏は「顔がヒリヒリする」という人も多いもの。犯人は塩分です。汗をかいたら、こまめに濡れたコットンや保冷剤をガーゼハンカチで包んだもの（22ページ参照）で拭ってください。

暖かく開放的な季節になると、どうしてもお手入れが「手抜き」になりがちに。でも、ここで肌を無防備にしていると、必ず次のシーズンにツケが回ってきます。そのときに後悔をしないように、きちんと日々のお手入れを続けてください。

紫外線や汗などで「夏疲れ」を起こしている肌を癒しつつ、これからやってくる乾燥のシーズンに向けて「肌貯金」をしていくのが、秋のお手入れです。そのためには肌表面のケアだけではなく、真皮の部分から活性化させていかなければなりません。

具体的には、美容液やクリームマッサージパック（90ページ参照）で、肌の深部にたっぷりと栄養を補給しつつ、冬に負けない肌にするために、ウォーターマッサージ（78ページ参照）で筋肉から鍛えあげていきます。

そして、化粧品も「サッパリ系」から「しっとり系」へと切り替えていきましょう。「日中はまだ暑い」というなら、昼間は乳液、夜はクリームという具合に、少しずつ移行していっても構いません。

そして冬のお手入れですが、みなさん、冬になると乾燥を恐れるあまり、やたらとリッチなクリームを塗りたがるのです。でも、乾いた土に水分や栄養分が入っていかないのと同じように、表皮に角質が溜まっていたり、粉を吹くようなカサカサ状態の肌に、いくら高価なクリームを塗ってもうまく浸透しません。ただでさえ、冬は肌が「厚着」をする季節。化粧品をきちんと機能させたいのなら、必要以上に重ねた「洋服」を脱がせてあげるのが先決です。

では、どうすればいいのでしょうか。まずは「角質ケア」です。週に1回はスクラブ洗顔をして、表皮に溜まった角質を取り除く。「冬にスクラブ洗顔をするの？」という方もいると思いますが、実は「冬こそ角質ケア」が必要なのです。こうして肌を薄着にしてあげると、美容液やクリームがスムーズに肌の中へと浸透していきますし、肌のくすみを防ぐこともできます。

また、寒くなるとからだに力が入って血行やリンパの流れも悪くなりがちになります。とくに外を歩いた日などはゆっくりとお風呂に浸かって、からだの中から温めてあげましょう。

そして寝る前には、水分や栄養分を十分に肌に与え、ぜひクリームを使ってフタを。しっかりと保湿をして翌日に備えます。

ところで、夏に比べて冬は紫外線対策をおろそかにする人が多いものです。でも、空気が澄み渡るこの季節は、実はダイレクトに紫外線が肌を刺激しているのです。とくに雪が積もっている場合などは、地面からの照り返しもありますから、ウィンタースポーツを楽しむ人などは、しっかりと日焼け止めクリームを塗り込んでから外出してください。

私はよく女性にこういうのです、「一〇〇人いれば、一〇〇通りのお手入れ法がある」と。そして、ひとりの女性でも一日としてまったく同じ肌状態ということはないのです。

とくに女性の場合、ホルモンが肌に及ぼす影響がとても大きいのです。だから季節ごとにお手入れ方法を修正するのはもちろんのこと、からだのリズムに合わせて、それこそ週替わりで肌状態に応じたケアをすることをおすすめします。

また、今ではどこへ行ってもエアコンが完備され、季節感がなくなってきました。だからこそ、なおさらその日を過ごす場所や気温に応じて日替わりで、自分の肌のために最適なお手入れ方法をぜひ編み出していただきたいものです。

5

マイ・ポケットフード

　ぽっちゃり体型だった私は、美容業界でやっていくために、さまざまなダイエットを試してきました。中でももっとも自分に合っていて、今でも続けているのが「和田式ダイエット」です。私はこの食事法で3ヵ月間で15キロ減量することに成功しました。健康でしかも空腹感でイライラすることなく、です。

　これは、1日1食もしくは2食・1食9品目を摂り、適度な運動をするというものです。2食の場合、6時間の間隔をあけて摂ります。

　その9品目とは肉・魚・貝・豆・卵・乳製品・油脂・海藻・野菜。つまり、「食べるな」ではなく「バランスよく食べなさい」というのが、これまでのダイエットとは違っていたのです。

　とはいっても、それを満たした食事を摂るのは意外と大変。そこで私は「ポケットフード」を持ち歩くことにしたのです。たとえば、納豆のお菓子や、乾燥させた貝柱、茎わかめ、味つけ海苔（のり）など。今は個別包装されたものがたくさん売られていますから、いくつかを小さな容器に詰めてバッグに入れておく。

　そして、ちょっとおなかが空いたときやおやつの代わりにいただくのです。

　おかずを9品目というと、つくるのもひと苦労ですが、こうしてポケットサイズの食べ物を持ち歩けば、いつでもパクリと口に入れられますし、保存もきくのでとても便利。

　今では、私のまわりでもポケットフードを持ち歩く人が増え、「今度いいのが出たわよ」なんて、情報交換をしています。

おわりに

あれは確か、宝塚歌劇団に夢中になっていた高校生のころ。当時、京都にあった「リプトン」という喫茶店で、私は未だに忘れ得ないセンセーショナルな体験をしました。

喫茶店の椅子にひとり腰をかけている女性。髪の毛はきれいにカールされ、指先には完璧に塗られた真っ赤なマニキュア。そして細いたばこをゆっくりとゆらせている……。

そのたたずまいは、高校生の私から見ても、この世のものとは思えないほどエレガントで、そこだけに違う空気が流れているようでした。

こんな女性を目にすると、「いったいどこに住んでいる方なのかしら?」「どんなお仕事をされているのかしら?」と、ついバックグラウンドを想像したくなるものです。

ところが、同じ女性でも、マニキュアが剝げかかっていたり、靴の先がめくれあがっていたり、お寿司屋さんで香水をプンプンと漂わせたり……そういうシーンに出くわすと、思わず目をそむけたくなります。

私はすべての女性の肌をきれいにすることが、神さまから与えられた自分の使命だと思っていますが、決してみなさんに『顔だけ美人』にはなってほしくないのです。

「きれいな人」「エレガントな女性」は、決して顔だけが美しいのではなく、「品格」「人格」を備えた人であるということ。どんなに見た目が整っていても、電車の中でメイクをしたり、パタパタとヒールを鳴らしながら歩く人は、決して美人ではないということ。

少なくともこの本を読んでくださった方には、そういう美意識をもっていてほしいのです。

ですから私の著書は、決してスキンケアやメイクのやり方の本では終わりません。食べ物のこと、ライフスタイルのこと、香りのこと、ボディケアのこと……、すべてを含めて「佐伯式」ケアなのです。

私は塾長として今回、みなさんにいろいろとお教えしたつもりです。

正しく自分の肌を知る方法、化粧品の選び方・使い方、摂るべき食べ物、原因別の肌トラブル解消法、そして、肌だけでなく、生き方そのものを美しくするヒントについてもお話ししました。

さあ、ここから先はみなさん、実践に移していただきましょう。

1週間、1ヵ月、2ヵ月、3ヵ月……、私がお伝えしたことを続けてみてください。必ずあなたの肌は変わります。「もう今さら……」「この歳では……」なんていう言葉は出なくなります。

反対に、「もっときれいになりたい」「もっとエレガントに生きたい」という気持ちがわいてきます。

そういう素直で前向きな女性を、私はこれからも全面的に応援します。

2005年11月

佐伯チズ

佐伯チズ（さえき・ちず）

1943年生まれ。OLを経て美容学校、美容室勤務ののち、1967年、フランス化粧品メーカー、ゲラン入社。その後、渡米などを経て1988年、パルファン・クリスチャン・ディオールのインターナショナル・トレーニング・マネージャーに就任。美容部員の指導のかたわら、年間2000人以上の女性の肌に触れ、トラブル解消に努めてきた。2003年6月、クリスチャン・ディオールを定年退職後、エステティック・サロン「サロン・ドール・マ・ボーテ」を開業。現在は2004年10月に自らがプロデュースした東京・代々木の総合美容施設「ビューティータワー」内にサロンを構え、現役エステティシャンとして活躍中（問●ファクス/03-6775-7111●URL/ http://www.beauty-tower.jp）。また2004年末より、美容のプロを目指す人と美容についての知識を深めたいという一般女性が学べる「佐伯チズ　チャモロジー（魅力学）・スクール」を開校。

著書には『佐伯チズの頼るな化粧品!』『佐伯チズのスキンケア・メイク入門』『DVD版　佐伯チズの「手のひら」スキンケア・メイク』『美肌革命』『美肌食』（以上、講談社）、『佐伯チズ メソッド　肌の愛し方　育て方』『佐伯チズ メソッド　艶つやメイク』『美肌手帖』（以上、講談社＋α文庫）がある。

美肌塾

2005年11月15日　第1刷発行
2005年12月20日　第3刷発行
著者──佐伯チズ

©Chizu Saeki 2005, Printed in Japan

ブックデザイン──鈴木成一デザイン室
カバー写真──高橋ヒデキ
イラスト──藤原千晶

発行者──野間佐和子
発行所──株式会社講談社
　　　　東京都文京区音羽2-12-21 郵便番号112-8001
　　　　電話　編集03-5395-3530
　　　　　　　販売03-5395-3625
　　　　　　　業務03-5395-3615

印刷所──大日本印刷株式会社
製本所──株式会社若林製本工場

落丁本・乱丁本は購入書店名を明記のうえ、小社業務部あてにお送りください。
送料小社負担にてお取り替えいたします。
なお、この本についてのお問い合わせは生活文化第三出版部あてにお願いいたします。
ISBN4-06-274219-5

美肌革命
お金をかけずにきれいになる

佐伯チズ

シミ、シワ、くすみ、脂浮きなど、
肌トラブルを改善する究極のケア法

シミには「美白パック」。
シワには「縦・横」マッサージ。
佐伯式「美肌エクササイズ」と
お手入れ法で、お金をかけずに
誰もが必ずきれいになれる！

定価：1260円　講談社

美肌食

佐伯チズ

おいしく食べてきれいになる！
食事で肌は変わります！

たとえ、10万円のクリームをつけても、
毎月エステに通い詰めても、
毎日の食事が「いい加減」では、
絶対きれいになれない！
カンタン「美肌メニュー」を初公開！

定価：1260円　講談社

定価は税込みです。定価は変わることがあります。